Paul Dupin

Auswandern ohne Steuerfallen

Impressum:
Texte: © 2023 Copyright by Paul Dupin
Umschlag: © 2023 Copyright by Paul Dupin
für den Inhalt: Mellontas LTD. vertreten durch Franz Fr. Dahlem
Tepeleniou 13, 8010 Paphos Zypern
E-mail: mellontas@yahoo.com
Druck: epubli – ein Service der Neopubli GmbH, Berlin

Auf einen Blick

Abkürzungsverzeichnis

Abs.	Absatz
AG	Aktiengesellschaft
AO	Abgabenordnung
AStG	Außensteuergesetz
ATAD	Anti Tax Avoidance Directive
ATADUmsG	ATAD Umsetzungsgesetz
BewG	Bewertungsgesetz
BFH	Bundesfinanzhof
bspw.	Beispielsweise
Buchst.	Buchstabe
bzw.	beziehungsweise
DBA	Doppelbesteuerungsabkommen
DM	Deutsche Mark
EGAO	Einführungsgesetz zur AO
ErbStG	Erbschaftsteuergesetz
EStG	Einkommensteuergesetz
EU	Europäische Union
EUAHiG	EU-Amtshilfegesetz
EWR	Europäischer Wirtschaftsraum
FVG	Finanzverwaltungsgesetz

FVerlV	Funktionsverlagerungs-verordnung
GmbH	Gesellschaft mit beschränkter Haftung
HGB	Handelsgesetzbuch
HTVI	Hard-To-Value-Intangible
IDW	Institut der Wirtschaftsprüfer in Deutschland e.V.
i.d.R.	in der Regel
IT	Informationstechnologie
i.V.m.	In Verbindung mit
IWG	Immaterielle Wirtschaftsgüter oder Rechte
KG	Kommanditgesellschaft
KStG	Körperschaftsteuergesetz
Mio.	Millionen
OECD	Organisation für europäische wirtschaftliche Zusammenarbeit
RNH	Residente Nao Habitual
Rz	Randziffer

TZ	Teilziffer
u.a.	Unter anderem
u.ä.	und ähnliches
VAE	Vereinigte Arabische Emirate
V+V	Vermietung und Verpachtung
vgl.	Vergleiche
VWG VP	Verwaltungsgrundsätze Verrechnungspreise
z.B.	Zum Beispiel
z.v.	zu versteuerndes

Vorwort

In Medien und Foren wird in zunehmendem Maß über das Thema Auswandern diskutiert und geschrieben. Die Zahl der jährlichen Auswanderer übersteigt jedes Jahr die Millionengrenze. So wanderten im Jahr 2016 knapp 1,4 Mio. und im Jahr 2021 rund 1 Mio. Menschen aus.[1] Hellstern gibt auf seiner Homepage dreizehn Gründe zum Auswandern an:

- Abenteuerlust
- bessere Aufstiegschancen im Beruf
- Altersarmut und die Preise des Wohn- und Immobilienmarktes in Deutschland
- die deutsche Bürokratie
- besseres Wetter
- gesünder leben
- niedrigere Steuern
- positive Urlaubserlebnisse
- negative Zukunftsszenarien in und für Deutschland
- Auswandern aus Liebe

---

[1] Vgl. Statistisches Bundesamt, Anzahl der deutschen und ausländischen Auswanderer aus Deutschland bis 2021, https://de.statista.com/statistik/daten/studie/76972/umfrage/zahl-der-auswanderer-aus-deutschland/#:~:text=Im%20Jahr%202021%20wanderten%20994.303,Anzahl%20der%20Zuz%C3%BCge%20nach%20Deutschland (05.02.20023).

- mehr Natur
- Bessere Jobperspektiven in der Selbstständigkeit
- mehr Freizeit und Lebensqualität[2]

Es handelt sich somit um die unterschiedlichsten Motive für einen Wegzug aus Deutschland. Auswanderungswillige sind sowohl Privatiers und Rentner, Selbstständige oder Beschäftigte, die sich im Ausland eine neue Existenz aufbauen wollen, sowie Unternehmer mit existierender Firma in der Heimat, die selbst oder mit der Firma Deutschland verlassen wollen. An diese Gruppen von Auswanderungswilligen richtet sich dieses Buch. Verfolgt man die Diskussionsbeiträge in verschiedenen Foren, unabhängig von den Motiven des Wegzugs, haben die meisten potenziellen Auswanderer keine Kenntnisse von den mit der Auswanderung verbundenen steuerlichen Auswirkungen. Dies gilt sowohl für die steuerliche Situation in der neuen Heimat als auch insbesondere in Bezug auf die steuerlichen Auswirkungen in Deutschland. Dabei wird fälschlicherweise mehr Augenmerk auf die Steuersituation im Ausland als auf die in Deutschland gelegt. Dadurch

[2] Hellstern, Rainer: Warum auswandern? Die 13 beliebtesten Gründe, https://www.auswandern-handbuch.de/die-beliebtesten-grunde-furs-auswandern/ (05.02.2023).

begehen viele Auswanderer einen fatalen Fehler. Um welche Fehler es sich dabei handelt und wie man diese vermeiden kann, beschreibt dieses Buch.

Zunächst werden die Grundlagen des steuerlichen Wegzugs vermittelt. Danach wird auf individuelle Berufsgruppe und deren spezifische steuerlichen Wegzugsprobleme eingegangen. Im Mittelpunkt stehen dabei Selbstständige und Unternehmer, Kapitalanleger und Rentner.

Einführung

Einfach seinen Hausrat in einen Container zu packen und Deutschland physisch und steuerlich zu verlassen ist nur für die Wenigsten möglich. Bereits eine geringe unternehmerische Tätigkeit oder die Vermietung von Immobilien zwingt den potenziellen Auswanderer dazu sich Gedanken über die steuerliche Situation zum Zeitpunkt der Auswanderung und die Folgejahre zu machen. Auch Rentner sollte sich fragen, ob die Auswanderung und vollständige Wohnsitzverlagerung ins Ausland die optimale Lösung darstellt. Bei der steuerlichen Betrachtung des Wegzugs aus Deutschland ist zu unterschieden, wer auswandert und welche Einkünfte diese Person bisher bezog. Ein Wegzug bedeutet nicht, dass künftig Einkünfte ausschließlich im neuen Wohnstaat zu versteuern sind. Bei schlechter Planung ist sogar die Steuerpflicht im neuen und alten Wohnsitzstaat gegeben. Es ist deshalb vor dem Wegzug zu untersuchen, welche Einkünfte künftig vorliegen und in welchem Staat diese zu versteuern sind. Dazu muss das deutsche und ausländische Steuerrecht sowie das jeweilige Doppelbesteuerungsabkommen zwischen Deutschland und dem neuen Wohnsitzstaat betrachtet werden. Bereits beim

Wegzug kann es zu erheblichen Steuerverpflichtungen kommen, wenn wichtige Vorschriften des deutschen Einkommensteuer- und Außensteuerrechts nicht beachtet werden. In diesem Buch werden die steuerlichen Folgen eines Wegzugs nicht nur für natürliche Personen, sondern auch für juristische Personen, bspw. Gesellschaften mitbeschränkter Haftung (GmbH) oder Aktiengesellschaften (AG) beschrieben. Auch wenn Anteilseigner einer Gesellschaft verziehen oder Teile von Gesellschaften, wie Produktion oder Vertrieb, aus unterschiedlichen Gründen ins Ausland verlegt werden, hat dies erhebliche steuerliche Auswirkungen.

Dieses Buch stellt zunächst die Situation der natürlichen Person dar, die sich mit dem Gedanken trägt auszuwandern. Dazu werden die Grundbegriffe der unbeschränkten, beschränkten und erweitert beschränkten Steuerpflicht dargestellt. Auch der Einfluss des Wohnsitzes und des gewöhnlichen Aufenthaltsortes auf die Steuerpflicht wird untersucht. Entsprechendes wird für Kapitalgesellschaften dargestellt. Statt Wohnsitz und gewöhnlicher Aufenthaltsort, lauten die Begriffe dort Sitz der Firma und Geschäftsleitung. Das Buch erklärt auch den Begriff des

Doppelbesteuerungsabkommens und stellt die Auswirkungen dar. Für Selbstständige und Anteileigner einer Kapitalgesellschaft mit Beteiligungsquoten ab 1% haben die Begriffe Entstrickungssteuer und Wegzugssteuer wesentliche Bedeutung in Bezug auf möglicherweise anfallende Steuern. Diese beiden Begriffe werden ausführlich erläutert, die steuerlichen Folgen dargestellt und mit Beispielen unterlegt. Dargestellt werden auch Möglichkeiten wie die Wegzug- und Entstrickungsbesteuerung rechtskonform umgangen werden kann. Abschließend wird dargestellt, welche gesetzlichen Informationspflichten sowohl der Auswanderer als auch sein steuerlicher Berater sowohl im Vorfeld des Wegzugs als auch beim Wegzug beachten muss.

Natürliche Personen

Alles begann mit der „Lex Horten“. Was hatte es damit auf sich? Die älteren Leser werden sich vielleicht noch an die Warenhauskette Horten erinnern. Helmut Horten baute das Unternehmen unter fragwürdigen Umständen nach dem Krieg auf. Im Jahr 1968 wandelte er seine Horten GmbH, der alle Warenhäuser gehörten, in eine Aktiengesellschaft (AG) um. Im gleichen Jahr gab er seinen deutschen Wohnsitz auf und zog mit seiner Ehefrau in die Schweiz. In den Folgejahren verkaufte er Stück für Stück seine Aktien und erlöste dabei 1,13 Mrd. Deutsche Mark (DM). Diesen Betrag musste er weder in der Schweiz noch in Deutschland versteuern. In Deutschland nicht, weil er dort keinen Wohnsitz mehr besaß und in der Schweiz nicht, da solche Vorgänge in der Schweiz nicht steuerpflichtig sind. Aus dieser Aktion lernte die deutsche Steuerbehörde und erlies den § 6 des deutschen Außensteuerrechts, welcher auch heute noch als „Lex Horten“ bekannt ist.

Unbeschränkte, beschränkte und erweitert beschränkte Einkommensteuerpflicht

Bei der Heranziehung von Steuerpflichtigen zur Einkommensteuer unterscheidet der Gesetzgeber drei Szenarien:

- Unbeschränkte Steuerpflicht
- Beschränkte Steuerpflicht
- Erweitert beschränkte Steuerpflicht

Was darunter zu verstehen ist, wo die Unterschiede liegen und welche Auswirkungen dies hat beschreiben die folgenden Absätze.

Unbeschränkte Steuerpflicht

Gemäß § 1 Abs. 1 EStG ist jede natürliche Person, die im Inland einen Wohnsitz oder den gewöhnlichen Aufenthalt hat, unbeschränkt steuerpflichtig. Aber auch Personen und deren Angehörige, die nicht in Deutschland einen Wohnsitz oder ihren gewöhnlichen Aufenthalt haben, fallen unter die unbeschränkte Steuerpflicht, sofern sie ein Dienstverhältnis mit Unternehmen des öffentlichen Dienstes haben und dort Arbeitslohn beziehen. Dies betrifft insbesondere

Botschaftsangehörige der Bundesrepublik Deutschland, die für Deutschland im Ausland tätig sind.

Ist man unbeschränkt steuerpflichtig bedeutet dies, dass man mit seinem gesamten weltweiten Einkommen in Deutschland steuerpflichtig ist und für dieses Einkommen Steuern zahlen muss.

Beschränkte Steuerpflicht

Personen, die in Deutschland weder einen Wohnsitz noch ihren gewöhnlichen Aufenthalt haben, sind beschränkt steuerpflichtig. Diese Personen sind aber nicht komplett von der Pflicht Steuern in Deutschland zu zahlen befreit, sondern sie müssen ihre inländischen, also deutschen, Einkünfte, versteuern. Welche dies sind, definiert § 49 EStG. Insbesondere handelt es sich dabei um:

- Einkünfte aus in Deutschland betriebenen Land- und Forstwirtschaftsunternehmen,
- Einkünfte aus einem Gewerbebetrieb, der eine inländische Betriebsstätte unterhält,
- Einkünfte aus selbstständiger Arbeit, die im Inland ausgeübt wird,

- Einkünfte aus Kapitalvermögen, sofern der Schuldner seinen Wohnsitz, Geschäftsleitung oder Sitz im Inland hat,
- Investmenterträge,
- Erträge aus Lebensversicherungen, sofern diese nach dem 1.1.2005 abgeschlossen wurden. Besteht der Vertrag länger als zwölf Jahre und wird nach dem 60. bzw. 62. Lebensjahr die Versicherung ausgezahlt, sind nur 50% der Erträge zu versteuern. Als Ertrag gilt die Differenz der Auszahlungssumme abzüglich der eingezahlten Beiträge.
- Gleiches gilt für die Rentenversicherungen, sofern diese nicht als lebenslange Rente ausgezahlt werden. Ist dies der Fall sind die Renten trotzdem mit dem Ertragsanteil im Inland zu versteuern,
- Einnahmen aus Beteiligungen als stiller Gesellschafter,
- Zinsen aus Hypotheken und Grundschulden,
- Einkünfte aus Vermietung und Verpachtung.

Zu beachten ist, dass beschränkt Steuerpflichtige steuerliche Vergünstigungen aufgrund persönlicher Verhältnisse nicht erhalten. Dabei handelt es sich insbesondere um Abzug des

Grundfreibetrages, einem Großteil der Sonderausgaben und um außergewöhnliche Belastungen.[3] Auch das Ehegattensplitting ist nicht anwendbar.

Dazu einige Beispiele:

Deutsches Rentenehepaar wohnt auf Zypern

Ein Rentnerehepaar wandert auf nach Zypern aus. Der Ehemann erhält eine Rente von 2.000 Euro, die Rente der Ehefrau beträgt 1.200 Euro. Beide zusammen besitzen eine Eigentumswohnung, die für 6.000 Euro netto jährlich vermietet ist. Außerdem besitzen sie Aktien der Siemens AG und erhalten 3.000 Euro Dividende. Ist das Ehepaar aus steuerlichen Gründen nach Zypern umgesiedelt, müssen wir sie leider enttäuschen. Selbst wenn sie keinen Wohnsitz oder gewöhnlichen Aufenthalt in Deutschland, mehr haben und somit beschränkt steuerpflichtig sind, müssen alle genannten Einkünfte in Deutschland versteuert werden. Das Besteuerungsrecht der Renten ergibt sich aus der Quellenbesteuerung und dem Doppelbesteuerungsabkommen zwischen Deutschland und

[3] § 50 Abs. 1 Satz 2 und 3 EStG.

Zypern. Dieses besagt in Artikel 17, Abs. 2, dass Ruhegelder und sonstige Zahlungen, die nach dem Recht der gesetzlichen Sozialversicherung eines Vertragsstaates geleistet werden, nur in diesem Staat, also in Deutschland, besteuert werden. Die Besteuerung der Mieteinnahmen ergibt sich aus der Tatsache, dass sich die Wohnung in Deutschland befindet, die Besteuerung der Dividenden aus dem Umstand, dass der Dividendenzahler in Deutschland seinen Geschäftssitz hat.

Deutsches Rentenehepaar wohnt in Spanien

Bis 2013 mussten Rentner, die mehr als 183 Tage in Spanien lebten und ihre „Residencia“ beantragt hatten, ihre Rente in Spanien versteuern. Mit Vereinbarung eines neuen Doppelbesteuerungsabkommens müssen Rentner ab dem 1.1.2015 eine Steuer von 5% auf die deutsche Rente zahlen. Der Betrag wird zwar auf die in Spanien zu zahlende Rente angerechnet, bedeutet aber, dass sowohl in Spanien als auch Deutschland eine Steuererklärung abzugeben ist. Für

Rentner, die vor dem 1.1.2015 bereits Rente bezogen haben, ändert sich nichts. Für Neurentner ab 2030 steigt die in Deutschland fällige Steuer von 5% auf 10%. In Spanien wird die Rente wie Arbeitseinkommen besteuert. Die Steuersätze werden in Spanien in vier Abschnitte unterteilt, der niedrigste Steuersatz von 24% gilt bis zu einem Einkommen von maximal 17.707 Euro, der höchste beträgt 45% für Einkommen über 175.000, 20 Euro jährlich. Zu beachten ist, dass die Rente voll angesetzt wird, während in Deutschland nur der Ertragsanteil, abhängig vom Rentenbeginn, zu versteuern ist. Von den Dividenden werden in Deutschland 15% einbehalten, die auf die spanische Steuer angerechnet werden. Die spanische Steuer auf Dividenden, Zinsen und Spekulationsgewinnen beträgt bis zu einem Gewinn von 6.000 Euro 21%, darüber hinaus gehende Gewinne werden mit 27% besteuert. Die Mieteinnahmen sind in Deutschland zu versteuern und bleiben in Spanien unberücksichtigt.

Deutsches Rentenehepaar wohnt in Italien

Gemäß Doppelbesteuerungsabkommen mit Italien werden die Mieteinnahmen sowie die Renten in Deutschland versteuert. Die Dividenden mit 15% in Deutschland unter Anrechnung auf die in Italien zu zahlende Steuer.

Deutsches Rentenehepaar wohnt in Portugal

Das Doppelbesteuerungsabkommen mit Portugal sieht vor, dass Renten in Portugal zu versteuern sind. Seit dem 1.4. 2020 werden Renten dort pauschal mit 10% versteuert. Alle anderen Einkünfte sind unter Beachtung des jeweils gültigen Doppelbesteuerungsabkommens in Portugal zu versteuern. Da aber die im Beispielfall erhaltenen Mieteinnahmen und Dividenden in Deutschland anfallen, sind diese in Deutschland zu versteuern.

Allerdings ist es möglich in Portugal den sogenannten Residente Nao Habitual (RNH) Status zu beantragen. Diesen kann man beantragen, wenn man in den letzten fünf Jahren seinen Steuerwohnsitz nicht in Portugal hatte und sich trotzdem mehr als 183 Tage hier aufhält. Durch den RNH Status erhält man zehn Jahre Steuerfreiheit auf Einkommen, Zinsen, Dividenden, Kapital- und Immobilieneinkünfte, man zahlt keine Vermögenssteuer und bestimmte Berufsgruppen zahlen auf Inlandseinkünfte nur eine 20%-ige Pauschalsteuer.

Hätte unser Beispielehepaar diesen Status, würden lediglich 10% Steuern auf die Renten anfallen. Zusätzlich würden 15%

als Quellensteuer auf die deutschen Dividenden fällig. Die Mieteinnahmen müssten in Deutschland versteuert werden, allerdings ohne Anrechnung des Grundfreibetrages. Würde das Ehepaar statt deutscher Dividendentitel solche bspw. aus Großbritannien halten, würden keine Steuern auf die Dividenden anfallen. Dies deshalb, weil Großbritannien keine Quellensteuer auf Dividenden kennt.

Angenehmer Nebeneffekt in Portugal: Neben Portugiesen genießen auch in Portugal ansässige Ausländer eine kostenlose medizinische Versorgung.

Beschränkte erweiterte Steuerpflicht

Um die Sache noch komplizierter zu machen, hat der Gesetzgeber in § 2 Außensteuergesetz (AStG) den Status des erweitert beschränkt Steuerpflichtigen eingeführt. Diese trifft auf deutsche natürliche Personen zu, die in den letzten zehn Jahren vor ihrem Wegzug aus Deutschland mindestens fünf Jahre unbeschränkt einkommensteuerpflichtig waren und

- in einem ausländischen Gebiet ansässig sind und dort einer niedrigeren Besteuerung unterliegen oder in keinem ausländischen Gebiet ansässig sind und

- wesentliche wirtschaftliche Interessen in Deutschland haben.

Zu beachten ist dabei, dass beide Voraussetzungen nicht alternativ vorliegen müssen, sondern gemeinsam. Dass man also in ein Land umzieht, welches niedrigere Steuern als Deutschland hat und, dass man noch wesentliche Interessen in Deutschland hat.

Wichtig ist in diesem Zusammenhang, dass die beschränkte erweiterte Steuerpflicht nur für deutsche Staatsbürger gilt, nicht dagegen für in Deutschland lebende ausländische Staatsbürger.

Was niedrigere Steuern sind, definiert § 2 Abs. 2 AStG. Dabei geht die Finanzbehörde von einem fiktiven unverheirateten Steuerpflichtige aus und vergleicht bei einem fiktiven Jahresgehalt von 77.000 Euro die zu zahlenden Steuern in Deutschland mit der der neuen Heimat. Ist die Steuer um mehr als ein Drittel niedriger, ist die erste Voraussetzung für die erweitert beschränkte Steuerpflicht erfüllt.

Beispiele:

Ein lediger Steuerpflichtiger zahlt in Deutschland im Jahr 2023 für ein fiktives Gehalt von 77.000 Euro eine Einkommensteuer einschließlich Solidaritätsbeitrag in Höhe von 22.941,05 Euro.[4] Beträgt die ausländische Einkommensteuer weniger als ein Drittel dieses Betrages, also weniger als 15.294 Euro, ist die erste Bedingung erfüllt.

Zieht der Steuerpflichtige nach Tschechien fallen 15% Einkommensteuer und 8% Solidaritätszuschlag an, zusammen 12.474 Euro. Die Steuer liegt unter einem Drittel und die erste Bedingung ist erfüllt.

Zieht er dagegen nach Österreich, werden 24.834,15 Euro Steuern fällig und die Bedingung ist nicht erfüllt.[5]

Die zweite Bedingung betrifft den Begriff der wesentlichen wirtschaftlichen Interessen. § 2 Abs. 3 AStG definiert, was darunter zu verstehen ist, nämlich:

- der Steuerpflichtige ist zu Beginn des Veranlagungszeitraums Unternehmer oder Mitunternehmer eines Gewerbebetriebes,

[4] Vgl. Bundesministerium für Finanzen, Einkommensteuerberechnung,
[5] Vgl. https://www.finanz.at/steuern/einkommensteuer/?calc=220705 (07.02.2023).

- er ist Kommanditist einer Kommanditgesellschaft und auf ihn entfallen mehr als 25% der Einkünfte,
- er war in den letzten fünf Jahren mit mindestens 1% an einer Kapitalgesellschaft beteiligt,
- er hat Inlandseinkünfte von mehr als 62.000 Euro oder die Inlandseinkünfte betragen mehr als 30% seiner Gesamteinkünfte,
- er besitzt Inlandsvermögen von mehr als 154.000 Euro oder dieses stellt mehr als 30% seines Gesamtvermögens dar.

Auch dazu Beispielfälle:

Peter K. betreibt im Jahr 2023 einen Holzhandel und ist zusätzlich mit 15% an einer Holzbaufirma beteiligt. Somit erfüllt er die Voraussetzungen.

Anna T. hält in ihrem nicht in Deutschland geführten Wertpapierdepot Aktien von Microsoft in Höhe von 2 Mio. Euro, außerdem besitzt sie in Frankfurt a.M. eine vermietete Eigentumswohnung im Wert von 350.000 Euro und verfügt über Bargeld in Höhe von 25.000 Euro. Somit liegen zwar weniger als 30% ihres Vermögens in Deutschland, sie überschreitet jedoch die Vermögensschwelle von 154.000

Euro mit der Folge, dass die zweite Voraussetzung zur beschränkten erweiterten Steuerpflicht gegeben ist.

Wie bereits ausgeführt, müssen aber bei der erweiterten beschränkten Steuerpflicht beide Voraussetzungen, also niedrigere Besteuerung und wesentliche wirtschaftliche Interessen, erfüllt sein.

Was dies bedeutet, zeigen die folgenden Beispiele:

Die oben beschriebene Anna T. zieht nach Andorra. Andorra hat Einkommensteuersätze, die wesentlich unter der Grenze unseres fiktiven ledigen Steuerpflichtigen mit 77.000 Euro Jahresgehalt liegen. Somit ist die erste Bedingung erfüllt. Auch die zweite Bedingung ist erfüllt, da Anna ein Vermögen von über 154.000 Euro besitzt.

Würde Anna nach Österreich auswandern, wäre die erste Bedingung nicht erfüllt und sie wäre nur beschränkt steuerpflichtig statt erweitert beschränkt steuerpflichtig wie im Wegzug nach Andorra.

Auch eine Auswanderung nach Zypern wäre möglich, da Zypern folgende Struktur der Einkommensteuer hat:

Bis 19.500 Euro Einkommen fällt keine Steuer an, von 19.501 an bis 28.000 Euro 20%, von 28.001 bis 36.300 Euro 25%, von 36.001 bis 60.000 Euro 30% und ab 60.001 35%. Bei unserem fiktiven Steuerpflichtigen mit 77.000 Euro Einkommen ergibt sich eine Einkommensteuer von somit 16.925 Euro jährlich. Er liegt damit über der Eindrittelgrenze von 15.294 Euro (deutsche Einkommensteuer abzüglich einem Drittel).

Man erkennt, dass von Fall zu Fall zu prüfen ist, ob die Kriterien der erweiterten beschränkten Steuerpflicht erfüllt sind. Ist dies nicht der Fall, ist der Steuerpflichtige „nur" beschränkt steuerpflichtig in Deutschland.

Wie bereits erwähnt, ist zur beschränkten Steuerpflicht Voraussetzung keinen Wohnsitz und gewöhnlichen Aufenthaltsort in Deutschland zu unterhalten. Was ist genau darunter zu verstehen?

Auch unter die erweiterte unbeschränkte Steuerpflicht fallen Personen, die in Deutschland keinen Wohnsitz noch gewöhnlichen Aufenthalt haben, die zu juristischen Personen des öffentliches Rechts ein Dienstverhältnis haben und dafür Arbeitslohn aus inländischen öffentlichen Kassen erhalten.[6] Dabei handelt es sich um deutsche Diplomaten, Botschaftsangehörige und deren Angehörige, die im Ausland leben.

[6] § 1 Abs. 2 EStG.

Wohnsitz

§ 8 Der Abgabenordnung (AO) definiert den Wohnort wie folgt: „Einen Wohnsitz hat jemand dort, wo er eine Wohnung unter Umständen inne hat, die darauf schließen lassen, dass er die Wohnung beibehalten und benutzen wird."

Wesentlich ist dabei, dass der Steuerpflichtige mehrere Wohnsitze gleichzeitig haben kann.[7] Wenn einer dieser Wohnsitze in Deutschland liegt, ist er damit unbeschränkt steuerpflichtig, selbst wenn dies nicht sein Hauptwohnsitz ist.

Eine Wohnung innehaben bedeutet, dass der Steuerpflichtige eine Verfügungsgewalt über die Wohnung hat und diese benutzen kann, wann immer es ihm gefällt. Selbst wenn die Wohnung unregelmäßig oder in sehr großen Zeitabständen benutzt wird und sich somit der Lebensmittelpunkt nicht in Deutschland befindet, unterstellen die Finanzbehörden einen Wohnsitz in Deutschland. Eine Verfügungsmacht über die Wohnung ist bspw. dadurch gekennzeichnet, dass der Steuerpflichtige

---

[7] § 19 Abs. 1 Satz 2 AO. https://www.bmf-steuerrechner.de/ekst/eingabeformekst.xhtml?ekst-result=true (07.02.2023).

einen Schlüssel zur Wohnung hat oder er ein eigenes Zimmer hat oder sich persönliche Gegenstände, wie Kleidung, Bücher und Unterlagen in der Wohnung bzw. im Zimmer befinden. Auch bei einer zeitlich befristeten Vermietung der eigenen Wohnung oder des Hauses geht das Finanzamt von einer Beibehaltung des Wohnsitzes aus, bei einer unbefristeten Vermietung dagegen nicht. Bei nicht getrenntlebenden Eheleuten wird grundsätzlich unterstellt, dass ein Ehepartner dort wohnt, wo seine Familie, also seine Ehefrau und seine Kinder, zu Hause sind.

Dazu einige Beispiele:

Der Profi-Tennisspieler K. bewohnt in Monaco eine angemietete Zwei-Zimmerwohnung. Anlässlich der Teilnahme an Turnieren in Norddeutschland wohnt er bei seiner Freundin C., die ihm einen Schlüssel für die Wohnung überlassen hat. Dies hat zur Folge, dass K. einen Wohnsitz in Deutschland hat und seine weltweiten Einkünfte in Deutschland versteuern muss.

Der Rentner B. lebt mit seiner Ehefrau in Spanien. Alle zwei Monate kommt er nach Düsseldorf, um sich um seine dort befindlichen Mehrfamilienhäuser zu kümmern, Gespräche mit Mietern und Maklern zu führen sowie den notwendigen Schriftverkehr zu erledigen. Während seines Aufenthaltes wohnt er im Haus seines Bruders. Da B. das Haus seines Bruders nur zu Besuchen nutzt und er über die Wohnung seines Bruders nicht frei verfügen kann, sondern mit diesem den Aufenthalt absprechen muss, unterhält er keinen Wohnsitz in Deutschland.

Bei Personen, die an einer Personengesellschaft beteiligt sind und die Geschäfte führen, ist neben dem Wohnsitz und gewöhnlichem Aufenthaltsort der Ort der Geschäftsleitung wesentlich. Verzieht diese Person ins Ausland, fällt Entstrickungssteuer an.

Gewöhnlicher Aufenthaltsort

Der gewöhnliche Aufenthaltsort ist in § 9 AO definiert. Danach ist der gewöhnliche Aufenthaltsort dort, wo jemand sich unter Umständen aufhält, die darauf schließen lassen, dass er an diesem Ort nicht nur vorübergehend verweilt. Dabei wird als gewöhnlicher Aufenthalt ein zusammenhängender Aufenthalt von mehr als sechs Monaten angesehen. Kurzfristige Unterbrechungen bleiben dabei unberücksichtigt, wobei eine Unterbrechung von mehr als drei Monaten nicht mehr als kurzfristige Unterbrechung gewertet wird. Auch muss der Zeitraum von sechs Monaten nicht innerhalb eines Kalenderjahres erfolgen.

So wären bspw. regelmäßige Kundenbesuche in Deutschland eines im Ausland lebenden Softwareingenieurs unschädlich für seine Steuerpflicht in Deutschland.

Nicht zutreffen würde dies für einen Onlinehändler, der sich in Deutschland abgemeldet hat, im Ausland zwar eine Wohnung angemietet hat, aber den größten Teil des Jahres bei seiner Freundin oder seinen Eltern in Deutschland wohnt.

Wohnsitz und gewöhnlichen Aufenthalt betreffend kann festgestellt werden, dass man zwar mehrere Wohnsitze haben kann, jedoch nur einen gewöhnlichen Aufenthaltsort.

Freibeträge und Werbungskosten bei beschränkt Steuerpflichtigen

Beschränkt Steuerpflichtige dürfen Betriebsausgaben oder Werbungskosten nur insoweit abziehen als sie mit inländischen Einkünften in Zusammenhang stehen. Dies bedeutet, dass Werbungskosten für eine in Deutschland belegene Immobilie bei der Einkommensart Vermietung und Verpachtung zu berücksichtigen sind. Nicht berücksichtigt wird der persönliche Grundfreibetrag. Dieser ist bei der Berechnung der deutschen Einkommensteuer fiktiv auf das Einkommen zu addieren und von dieser Summe ist die Einkommensteuer zu berechnen und zu zahlen.[8]

Beispiel:

Ein alleinstehender Rentner hat seinen Wohnsitz in Italien. Er bezieht eine monatliche Rente von 2.000 Euro und erhält jährliche Mieteinnahmen von 30.000 Euro. Seine Werbungskosten in Verbindung mit der Immobilie belaufen sich auf 5.000 Euro. Dann sieht die vereinfachte Vergleichsrechnung wie folgt aus:

---

[8] § 50 Abs. 1 Satz 2 und 3 EStG.

Unbeschränkt steuerpflichtig:

Rente 12 x 2.000 Euro	24.000 Euro
Einnahmen V+V	30.000 Euro
Werbungskoten V+V	5.000 Euro
somit zu versteuerndes Einkommen	49.000 Euro
zu zahlende Einkommensteuer	10.974 Euro

Beschränkt steuerpflichtig:

Gleiches z.v. Einkommen	49.000 Euro
Grundfreibetrag	10.908 Euro
Zu versteuern	59.908 Euro
zu zahlende Einkommensteuer	15.204 Euro

somit 4.230 Euro mehr.

Bei diesem Beispiel würde ein steuerlich veranlasster Wegzug ins Ausland nur Nachteile bringen.

Um diese Schlechterstellung zu vermeiden, kann der beschränkt Steuerpflichtige beantragen, wie ein unbeschränkt Steuerpflichtiger behandelt zu werden. Voraussetzung dazu ist, dass er Einkünfte in Deutschland erzielt, die zu 90% in Deutschland erzielt werden oder die Einkünfte, die nicht in Deutschland erzielt werden, maximal der Höhe des Grundfreibetrags entsprechen. In dem obigen Beispiel erzielt der Rentner nur Einkünfte in Deutschland und er könnte einen Antrag auf unbeschränkte Steuerpflicht stellen. Dies auch, wenn er Einkünfte im Ausland von maximal 5.445 Euro hätte. Dann hätte er nämlich weltweite Einkünfte von 49.000 Euro zuzüglich 5.444 Euro, somit zusammen 54.445 Euro. 90% davon würden in Deutschland erwirtschaftet werden und er könnte als unbeschränkt steuerpflichtig eingestuft werden.

Positionen, die trotz beschränkter Einkommensteuerpflicht berücksichtigt werden

Neben den Werbungskosten, die in Zusammenhang mit Einkünften, die in Deutschland entstehen, können folgende Aufwendungen und Positionen bei der Einkommensteuererklärung berücksichtigt werden.[9]

Bei Arbeitnehmern können die tatsächlichen -vorsorgeaufwendungen für die gesetzliche Rentenversicherung, die Basiskrankenversicherung und die gesetzliche Pflegeversicherung geltend gemacht werden. Ebenso der in § 9a EStG aufgeführte Pauschbeträge für Werbungskosten in Höhe von 1.230 Euro und der Sonderausgaben-Pauschbetrag nach § 10 c EStG in Höhe von 36 Euro.

Bei Rentnern kann die Werbungskostenpauschale in Höhe von 102 Euro angesetzt werden.

Auch der Altersentlastungsbetrag wird bei beschränkter Steuerpflicht berücksichtigt.[10]

---

[9] § 50 Abs.1 Satz 3 EStG.
[10] § 50 Abs. 1a EStG.

Sofern der Steuerpflichtige Staatsangehöriger eines EU oder EWR-Staates oder Schweizer ist, wird ihm der Sonderausgabenabzug für Pflichtbeiträge an berufsständische Versorgungseinrichtungen gemäß § 10 Abs. 1 Nr. 2 Buchst. a i.V.m. Abs. 2 und 3 EStG gewährt.

Positionen, die bei beschränkter Einkommensteuerpflicht unberücksichtigt bleiben?

Ist der Steuerpflichte beschränkt einkommensteuerpflichtig in Deutschland werden personen- und familienbezogene Vergünstigungen nicht oder nur eingeschränkt steuermindernd berücksichtigt. Dies trifft vorweg auf den Grundfreibetrag zu. Gemäß § 32a Abs. 1 Nr. 1 EStG wird beschränkt Steuerpflichtigen der Grundfreibetrag nicht gewährt. Abgewichen wird davon für Arbeitnehmer, die Einkünfte gemäß § 49 Abs. 1 Nr. 4 beziehen. Dabei handelt es sich um Einkünfte aus nichtselbstständiger Tätigkeit, die:

- in Deutschland ausgeübt oder verwertet wird,
- aus inländischen öffentlichen Kassen einschließlich der Kassen des Bundeseisenbahnvermögens und der Deutschen Bundesbank mit Rücksicht auf ein gegenwärtiges oder früheres Dienstverhältnis gewährt werden,
- als Vergütung für eine Tätigkeit als Geschäftsführer, Prokurist oder Vorstandsmitglied einer Gesellschaft mit Geschäftsleitung in Deutschland bezogen wird,

- für Abfindungen für Tätigkeiten, die bis zu diesem Zeitpunkt der deutschen Einkommensteuer unterlagen, gezahlt wird
- fliegendem Personal einer internationalen Luftverkehrsunternehmens mit Geschäftsleitung in Deutschland gezahlt werden.

Ferner zählt zu den unberücksichtigten Positionen das Ehegattensplitting, so dass bei Verheirateten nur die Einkommensteuertabelle für Alleinstehende gilt. Auch die Berücksichtigung außergewöhnlicher Belastungen entfällt, ferner gibt es keine Freibeträge für die Betreuung von Kindern und deren Ausbildung sowie der Entlastungsbetrag für Alleinerziehende entfällt. Gleiches gilt für den Sonderausgabenabzug für Kranken- und Pflegeversicherung gemäß § 10 Abs 1 Nr. 3 Buchst. a i.V.m. § 3 EStG, der nicht gewährt wird.

Ob man nach der Auswanderung als beschränkt oder unbeschränkt Steuerpflichtiger behandelt werden will, muss immer im Einzelfall untersucht und entschieden werden. Bei Beantragung der unbeschränkten Steuerpflicht müssen allerdings Nachweise über das weltweite Einkommen vorlegt werden. Auch wenn man kein weiteres Einkommen im

Ausland hat, muss dies mit einer Nullmeldung des ausländischen Finanzamtes nachgewiesen werden. Sofern man Renten empfängt und im Ausland lebt, ist das Finanzamt Neubrandenburg für alle Deutschen das zentrale Finanzamt. Dort können die geforderten Bescheinigungen, die von den ausländischen Steuerbehörden einzureichen sind, in vielen Sprachen heruntergeladen werden.

Unbeschränkte Steuerpflicht auf Antrag

Da die Berücksichtigung von Begünstigungen aufgrund der persönlichen Verhältnisse bei beschränkt Steuerpflichtigen nicht erfolgt, dies aber im Widerspruch der Gleichbehandlung aller Bewohner im EU/EWR Raum steht, wurde die Möglichkeit eingeführt, dass beschränkt Steuerpflichtige sich unter bestimmten Voraussetzungen auf Antrag als unbeschränkt Steuerpflichtige einstufen lassen können.[11] Dies ist machbar, wenn:

- Ihre Einkünfte im Kalenderjahr zu mindestens 90% der deutschen Einkommensteuer unterliegen oder
- Die nicht der deutschen Einkommensteuer unterliegenden Einkünfte den Grundbetrag des § 32a Abs. 1 EStG nicht übersteigen.

Nachgewiesen wird dies durch eine Bescheinigung der ausländischen Steuerbehörde. Vordrucke können bei den Finanzverwaltungen unter der Bezeichnung „Bescheinigung EU/EWR“ oder „Bescheinigung außerhalb EU/EWR“ heruntergeladen werden.

[11] § 1 Abs. 3 EStG.

In diesem Fall sind zwar die weltweiten Einkünfte zu erklären, die außerhalb Deutschlands erzielten Einkünfte werden aber nicht direkt besteuert, sondern unterliegen dem sogenannten Progressionsvorbehalt.[12] Dies bedeutet, dass das inländische Einkommen mit dem Steuersatz belastet wird, der unter Anrechnung des weltweiten Einkommens ermittelt wird. Dies gilt allerdings nur, wenn die ausländischen Einkünfte positiv sind.

Vorteil dieser Vorgehensweise ist die Abzugsfähigkeit des Grundfreibeträge und der persönlichen Abzugsbeträge, die Zusammenveranlagung von Ehepartnern und die Gewährung von Kindergeld.

Der Antrag zur unbeschränkt steuerlichen Behandlung nach § 1 Abs. 3 EStG kann formlos bis zur formellen Bestandskraft des Einkommensteuerbescheides gestellt werden, und zwar nach Ablauf des jeweiligen Veranlagungszeitraums. Er muss für jeden Veranlagungszeitraum gestellt werden. Auch ein konkludentes Verhalten wird als Beantragung akzeptiert, bspw. dadurch, dass der Steuerpflichte bei der

---

[12] Vgl. § 2b Abs. 1 Nr. 5 EStG.

Jahressteuererklärung die Unterlagen zur Veranlagung als unbeschränkt Steuerpflichter ausfüllt.

Ein Beispiel: Der alleinstehende Rentner F. hat Einkünfte in Deutschland von 80.000 Euro. Sein weltweites Einkommen beträgt 87.000 Euro. Dann rechnet des Finanzamt:

Weltweites Einkommen:		87.000 Euro
Steuersatz darauf: laut Est-Tabelle	31,77%	

Dieser Prozentsatz wird auf die Einkünfte in Deutschland angewandt, somit beträgt die Steuer 31,77% von 80.000 Euro, also 25.416 Euro. Würde er in Deutschland leben, müsste er auf sein weltweites Einkommen 27.640,85 Euro Steuern zahlen.

In welchem Land sind Renten zu versteuern?

Rente fallen bei den sieben im Einkommensteuerrecht genannten Einkunftsarten unter den Bereich „Sonstige Einkünfte“, die in § 22 EStG definiert sind. Dabei handelt es sich um wiederkehrende Bezüge, soweit sie nicht zu den anderen Einkunftsarten gehören. Darunter versteht man insbesondere Leibrenten, wie die Rentenbezüge aus der gesetzlichen Rentenversicherung, Leistungen aus Altersvorsorgeverträgen (Rürup und Riesterrente), Einkünfte aus sonstigen wiederkehrenden Bezügen und sogenannte Spekulationsgeschäfte, wie beispielsweise die Veräußerung eines Grundstücks innerhalb der 10-Jahresfrist.

Gemäß Artikel 18 des OECD-Musterabkommens können Ruhegelder und ähnliche Vergütungen, die einer in einem Vertragsstaat ansässigen Person für frühere unselbständige Arbeit gezahlt werden, nur in diesem Vertragsstaat besteuert werden. Das bedeutet, dass deutsche Rentner, die im Ausland leben, üblicherweise ihre gesetzliche Rentenversicherung und sonstige Leistungen aus Altersvorsorgeverträgen in Deutschland versteuern müssen. Dies auch dann, wenn sie in Deutschland keinen Wohnsitz oder ihren gewöhnlichen Aufenthalt haben. Abgewichen kann von dieser Regelung nur durch Vorschriften im Doppelbesteuerungsabkommen mit dem jeweiligen Land. In folgenden Ländern ist die Besteuerung auf das neue Wohnsitzland des Rentners übertragen worden:

- Albanien
- Aserbaidschan

- Bolivien
- Bosnien-Herzegowina
- Ceuta
- Ecuador
- Elfenbeinküste
- Estland
- Frankreich
- Griechenland
- Indien
- Iran
- Island
- Israel
- Jamaika
- Kosovo
- Kuweit
- Lettland
- Litauen
- Marokko
- Melilla
- Moldau
- Mongolei
- Russland

- Serbien
- Montenegro
- Slowakei
- Slowenien
- Sri Lanka
- Thailand
- Tschechien
- Venezuela
- Vereinigte Staaten von Amerika
- Vietnam

Will man beurteilen, ob das Auswandern als Rentner aus der steuerlichen Sicht Sinn macht, ist die Steuerlast in Deutschland mit derjenigen in dem jeweiligen Land zu vergleichen. Allerdings haben Rentner häufig nicht nur Renteneinkünfte sondern weitere Einkünfte bspw. aus Vermietung und Verpachtung sowie aus Kapitalanlagen.

Lohnt für Rentner ein steuerlich motivierter Wegzug?

Diese Frage kann nicht generell beantwortet werden. Es kommt vielmehr darauf an, wie sich das Einkommen zusammensetzt. Aus diesem Grund haben wir die drei häufigsten Konstellationen untersucht. Zum einen der ausschließliche Bezug einer gesetzlichen Rente, daneben der Bezug der gesetzlichen Rente zusammen mit Einkünften aus deutschen Immobilien und zum Dritten die Konstellation gesetzliche Rente und Kapitaleinkommen.

Einkünfte aus gesetzlicher Rente und Altersvorsorgeverträgen

Aus nachvollziehbaren Gründen dürften nur wenige Länder der vorstehenden Tabelle als Wohnsitz für deutsche Rentner in Frage kommen. Empfohlen wird häufig Griechenland als Rentner- und Steuerparadies. Neben dem Wetter wird die niedrige Besteuerung von Renten in Höhe von sieben Prozent angeführt. Das dies völlig an der Realität vorbei geht, zeigen diese beiden folgenden Vergleiche:

Das Rentnerehepaar Hans und Anna K. erhält eine gesetzliche Rente. in Höhe von zusammen 3.200 Euro monatlich, pro Jahr somit 38.400 Euro. Beide sind gleich alt, der Rentenbezug begann im Jahr 2022. Dies bedeutet, dass der Besteuerungsanteil 82% beträgt. Somit sind von den 38.400 Euro nur 31.488 Euro zu versteuern. Abzüglich Werbungskosten in Höhe von je 102 Euro fallen 31.284 Euro unter die Einkommensteuer. Darauf werden nach Splittingtabelle 1.764,00 Euro Steuern fällig, was einem durchschnittlichen Steuersatz von 5,64% entspricht. In Griechenland würden die beiden 7% auf 38.400 Euro Rente, also 2.688 Euro zahlen.

Die alleinstehende Rentnerin Susanne J. erhält 1.600 Euro Rente. Ihr Besteuerungsanteil liegt ebenfalls bei 82%. Somit sind 1.312 Euro monatlich oder 15.744 Euro zu versteuern. Abzüglich pauschalierter Werbungs- und Sonderausgaben in Höhe von 102 Euro und 36 Euro verbleiben 15.606 Euro. Darauf sind 873 Euro Steuern fällig. Das sind 5,59% im Vergleich zu 7% oder 1.344 Euro in Griechenland.
Somit ist Griechenland für Rentner mit Sicherheit kein Steuerparadies.

Ähnlich ist die steuerliche Situation in anderen Ländern. Entweder muss die Rente vor Ort versteuert werden, dann bewegt sich die Steuer mindestens im Rahmen der deutschen Einkommensteuer oder aber das Recht der Besteuerung liegt aufgrund des jeweiligen Doppelbesteuerungsabkommens beim deutschen Staat mit der Folge, dass bei beschränkter Steuerpflicht der Grundfreibetrag und weitere Steuervergünstigungen nicht mehr gewährt werden. Dann ist trotz Wegzugs die Steuerlast höher als bei unbeschränkter Steuerpflicht. Die Lösung besteht darin, auszuwandern und einen Antrag auf unbeschränkte Steuerpflicht in Deutschland zu stellen. Dann fällt man unter die gar nicht so nachteilige unbeschränkte Steuerpflicht, hat aber alle mit der Auswanderung gewünschten individuellen Vorteile. Denn auch ein Grund zum Auswandern dürfte für Rentner das niedrigere Preisniveau im Ausland sein. Eine im Jahr 2022 von Eurostat durchgeführte Untersuchung kam bezüglich eines Warenkorbs, bestehend aus Lebensmitteln, Wohn- und Energiekosten zu folgendem Ergebnis, wobei die vergleichbaren Preise für Deutschland mit 100% angesetzt wurden:

Günstigstes Land ist die Türkei mit 62% niedrigeren Preisen, gefolgt von Rumänien mit 49%, Bulgarien 48%, Polen 44% und Ungarn mit 37%. Griechenland ist 19% günstiger im

Vergleich zu Deutschland, auf Zypern lebt man 16% günstiger. Teurer im Vergleich zu Deutschland sind Österreich (+3%), Frankreich (+4%), Niederlande (+8%), Dänemark (+33%) und insbesondere die Schweiz mit einem 55%-ig höheren Preisniveau.

Auf diese Weise kann man alle Vorteile wie günstigere Lebenshaltungskosten, bessere Mietsituationen und die deutsche u.E. vorteilhafte Steuersituation nutzen. Allerdings muss darauf geachtet werden, dass das Besteuerungsrecht ausschließlich bei der Bundesrepublik Deutschland bleibt.

Einkünfte aus gesetzlicher Rente und aus Vermietung und Verpachtung

Einkünfte aus Vermietung und Verpachtung sind grundsätzlich im Belegenheitsstaat zu versteuern. Dies bedeutet, dass Mieteinnahmen in Deutschland zu versteuern sind, auch wenn der Eigentümer beschränkt steuerpflichtig ist. Ansetzen darf er bei der Ermittlung der Einkünfte aus Vermietung und Verpachtung die anfallenden Werbungskosten. Verzieht der Rentner oder das Rentnerehepaar in einen Staat der mit Deutschland ein Doppelbesteuerungsabkommen demnach die Renten in Deutschland zu versteuern sind, müssen also Rente und

Einkünfte aus Vermietung und Verpachtung in Deutschland versteuert werden. Nachteilig wirkt sich aus, dass er oder beide den Grundfreibetrag und sonstige persönlichen Steuervorteile nicht mehr erlangen. Für diesen Fall wäre die unbeschränkte Steuerpflicht vorteilhaft. Ob bei einem Wohnsitz bzw. gewöhnlichem Aufenthaltsort im Ausland ein Antrag auf unbeschränkte Steuerpflicht möglich ist, hängt von der Zusammensetzung der Einkünfte ab. Mehr dazu ist im Abschnitt „Unbeschränkte Steuerpflicht auf Antrag“ zu lesen. Sollte dies nicht möglich sein, wäre die Beibehaltung eines Wohnsitzes, z.B. unter der Anschrift der Kinder, kostengünstig möglich.

Für den Fall, dass das Rentnerehepaar in einen Staat verzieht, welches das Besteuerungsrecht für die deutschen Renten gemäß DBA besitzt, sind trotzdem die Einkünfte aus Vermietung und Verpachtung in Deutschland beschränkt steuerpflichtig. In diesem Fall muss von Fall zu Fall kalkuliert werden, da die Verteilung zwischen Mieteinnahmen und Rente bzw. des anzusetzenden Steuersatzes zur Rentenbesteuerung entscheidend ist.

Zur Verdeutlichung zwei Beispiele anhand unseres Ehepaares Hans und Anna K., die nach Griechenland auswandern.

Wie festgestellt, muss das Ehepaar bei 38.400 Euro gemeinsamer Rente 2.688 Euro Steuern in Griechenland zahlen. In Deutschland müssen Einkünfte aus Vermietung und Verpachtung versteuert wird, wobei im ersten Fall von zu versteuernden Einkünften von 12.000 Euro und im zweiten Fall von solchen in Höhe von 100.000 Euro ausgegangen wird. In beiden Fällen muss der Grundfreibetrag von 10.908 Euro – somit 21.816 Euro für das Ehepaar – aufgrund der beschränkten Steuerpflicht addiert werden. Somit sind 33.816 Euro bzw. 121.816 Euro zu versteuern. Dies führt zu einer Einkommensteuer von 2.372 Euro bzw. 31.230 Euro. Die durchschnittlichen Steuersätze betragen 7,01% bzw. 25,64%. Wäre das Ehepaar unbeschränkt steuerpflichtig in Deutschland und hätte keinen offiziellen Wohnsitz in Griechenland, betrüge die Steuerlast einschließlich der Rente 4.760 Euro bzw. 35.205 Euro.

Man erkennt, dass bei niedrigen Einkünften aus V+V die unbeschränkte Steuerpflicht vorteilhafter ist. Es ergeben sich nämlich Steuern in Höhe von 4.760 Euro bei unbeschränkter Steuerpflicht und 5.060 Euro bei beschränkter Steuerpflicht. Somit kann in diesem Beispielfall das Auswanderungsland Griechenland nicht empfohlen werden. Es wäre besser ein Land zu wählen welches das Besteuerungsrecht der Rente Deutschland zuweist.

Im zweiten Fall, der von 100.000 Euro Mieteinnahmen ausgeht, ist die beschränkte Steuerpflicht vorteilhafter. Es ergibt sich eine zu zahlende Steuerlast zu 35.205 Euro bei unbeschränkter Steuerpflicht und 33.918 Euro bei beschränkter Steuerpflicht. Somit wäre Griechenland das geeignete Auswanderungsland.

Als Ergebnis ist festzuhalten, dass bei Einkünften aus gesetzlicher Rente und Vermietung und Verpachtung im Einzelfall die bessere Variante ermittelt werden muss.

Einkünfte aus gesetzlicher Rente und Kapitalvermögen

Liegen Einkünfte aus gesetzlicher Rente und aus Kapitalvermögen vor, wäre die optimale Lösung in ein Land zu ziehen, dass gemäß DBA mit Deutschland das Besteuerungsrecht für Rente hat, jedoch keine Steuern auf Renten erhebt und, das ausländische Einkünfte aus Kapitalvermögen freistellt. Es gibt weltweit nur ein Land, das diese beiden Voraussetzungen erfüllt.

Die Liste der Länder, die das Besteuerungsrecht für die deutsche Rente innehat, führt Abschnitt „In welchem Land sind Renten gemäß DBA zu versteuern“ auf. Von dieser Liste erhebt nur Thailand keine Steuern auf deutsche Renten. Gleichzeitig verzichtet Thailand auch auf die Besteuerung ausländischer Kapitalerträge, erhebt also keine Kapitalertragssteuern auf Dividenden, Zinserträge und Wertpapiergewinne. Werden Wertpapiere von Unternehmen erworben, die keine Quellensteuern auf Dividenden erheben oder solche Wertpapiere gekauft, die keine Dividenden zahlen, werden die Dividenden und Kursgewinne steuerfrei in Thailand vereinnahmt.

Länder, die keine Quellensteuer erheben, sind Großbritannien, Irland und Brasilien. So könnte für einen in Thailand ansässigen deutschen Rentner die Vermögensstruktur wie folgt aussehen:

Der Rentenbezug erfolgt aus Deutschland, das Besteuerungsrecht liegt in Thailand, dort werden keine Steuern auf deutsche Renten fällig.

Gleichzeitig erwirbt der Rentner britische Dividendentitel wie BP, Shell, British American Tobacco, Vodafone, Unilever, Rio Tinto und Reckitt Benckiser. In Großbritannien erfolgt kein Quellensteuerabzug, das bedeutet, dass die volle Dividende ohne Abzüge ausgezahlt wird. In Thailand sind die vereinnahmten Dividenden steuerfrei. Gleichzeitig kann der Rentner noch amerikanische dividendenlose Technologiewerte wie Alphabet, Meta, Amazon erwerben. Verkauft er diese mit Gewinn, sind Kursgewinne weder in den USA noch in Thailand zu versteuern.

Zusätzlich hat Thailand den Vorteil, dass die Lebenshaltungskosten niedrig sind, die medizinische Versorgung einen hohen Standard aufweist bei moderaten Preisen und das Klima ansprechend ist. Mit den ersparten

Steuern kann man die schwülen Monate April und Mai in einem anderen Land auf der Erde verbringen.

Denjenigen denen Thailand zu weit weg ist, Dubai zu warm, Paraguay zu exotisch und Monaco und die Bahamas zu teuer, empfehlen wir Zypern. Zwar muss die Rente in Deutschland versteuert werden, die Einkünfte aus Kapitalvermögen sind aber nicht steuerbar. Mit der bereits dargestellten Investitionsstrategie Großbritannien für Dividendentitel und USA für dividendenlose Wachstumswerte, lässt sich auch auf Zypern gut leben und man ist schnell an jedem Ort in Europa.

Einkünfte aus Kapitalvermögen bei beschränkt Steuerpflichtigen

Inländische Einkünfte bei beschränkt Steuerpflichtigen sind auch Erträge aus Kapitalvermögen, wenn der Schuldner Wohnsitz, Geschäftsleitung oder Sitz in Deutschland hat. Dazu zählen Dividenden, sonstige Bezüge aus Aktien und Genussrechte. Zinsen allerdings nur insoweit, als sie durch inländischen Grundbesitz besichert sind.[13] Bei Einkünften aus Kapitalvermögen wird die Einkommensteuer durch Abzug vom Kapitalertrag (Kapitalertragsteuer) durch die auszahlende Stelle (zum Beispiel eine Bank) erhoben. Dabei wird die Freistellungsmethode insofern unterbrochen, dass das Besteuerungsrecht zwischen Quellen- und Ansässigkeitsstaat aufgeteilt wird. Die Steuer beträgt für die meisten Kapitalerträge 25 Prozent (§ 43 in Verbindung mit § 43a EStG). Die Aufteilung erfolgt meist durch das jeweilige Doppelbesteuerungsabkommen in der Weise, dass ein Teil – meist 15% - vom Quellenstaat einbehalten wird und die restlichen 10% dem Ansässigkeitsstatt zustehen. Hält ein beschränkt Steuerpflichtiger Aktien ausländischer Unternehmen, wird die jeweilige Quellensteuer des

[13] § $9 Abs. 1 Nr. 5 lit c) aa) EStG.

Sitzlandes der Aktiengesellschaft berücksichtigt. Diese beträgt beispielswiese in

Großbritannien	0,00%
Frankreich	12,8 %
Finnland	30,0%
Italien	26,0%
Kanada	25,0%
Niederlande	15,0%
Österreich	27,5%
Schweden	30,0%
Schweiz	35,0%
Spanien	19,0%
USA	30,0%

Die im Ausland gezahlt Kapitalertragsteuer kann in einem gewissen Umfang angerechnet werden. Dies ergibt sich aus dem jeweiligen Doppelbesteuerungsabkommen. Mehr dazu im Abschnitt Doppelbesteuerung.

Existiert kein Doppelbesteuerungsabkommen zwischen dem Land in dem die Dividende anfällt und dem Wohnsitzland des Steuerpflichtigen, werden die Einkünfte, bspw. Dividenden, um den oben genannten Prozentsatz reduziert. So erhält ein Steuerpflichtiger von 100 US $ Dividende nur 70 US $ auf das

Konto seines Wohnsitzlandes, während dessen eine in Großbritannien gezahlte Dividende zu 100% bei ihm ankommt.

So nutzt es nichts, wenn Rentner K. in ein Steuerparadies zieht und der Meinung ist, dass er auf seine Dividenden aus deutschen Kapitalgesellschaften keine Steuer zahlen muss. Vielmehr wird an der Zahlstelle in Deutschland, also an der Quelle, die Steuer, genannt Quellensteuer von 25% abgezogen und der Rentner erhält nur die Differenz.

Spezieller Steuerabzug für Einkünfte beschränkt Steuerpflichtiger

Für bestimmte Einkünfte von beschränkt Steuerpflichtigen gibt es einen speziellen Steuerabzug gemäß § 50a Abs. 1 EStG. Dazu zählen:

- Vergütungen für künstlerische, sportliche, artistische, unterhaltende oder ähnliche Darbietungen im Inland,
- Vergütungen für die inländische Verwertung solcher Darbietungen im Inland,

- Vergütungen für die Überlassung der Nutzung oder des Rechts auf Nutzung von Rechten (zum Beispiel Urheberrechte, gewerbliche Schutzrechte und Know-how) sowie Vergütungen, die aus der Verschaffung der Gelegenheit erzielt werden, einen Berufssportler über einen begrenzten Zeitraum vertraglich zu verpflichten und
- Aufsichtsratsvergütungen

Der Schuldner der Vergütung (zum Beispiel der Konzertveranstalter) behält von dem vereinbarten Honorar die Abzugsteuer ein und führt sie ab. Bei diesem Steuerabzug ist die Steuer grundsätzlich von dem gesamten Betrag der Einnahmen ohne jeden Abzug zu berechnen und beträgt bei:

- Aufsichtsratsvergütungen 30 Prozent,
- allen anderen Vergütungen 15 Prozent.

Staatsangehörige eines Mitgliedstaates der Europäischen Union oder des Europäischen Wirtschaftsraums können im Rahmen des Steuerabzugsverfahrens unmittelbar mit ihren Einnahmen in wirtschaftlichem Zusammenhang stehende Betriebsausgaben oder Werbungskosten geltend machen. In diesem Fall erhöht sich der Steuersatz für natürliche

Personen auf 30 Prozent der verbleibenden Einnahmen (Nettoeinnahmen). Körperschaften haben in der Regel keine Einkünfte aus selbständiger Arbeit und nie Einkünfte aus nichtselbständiger Arbeit. Bei den sonstigen Einkünften handelt es sich zumeist um Veräußerungsgeschäfte. Bei den Einnahmen, die den Abzugsteuern unterliegen, gelten dieselben Regelungen wie für beschränkt Einkommensteuerpflichtige. Für die übrigen Einkünfte oder bei Veranlagung gilt für Körperschaften ein Steuersatz von 15 Prozent.

Wechsel von unbeschränkte in beschränkte Steuerpflicht innerhalb eines Veranlagungszeitraumes

Bei einem Wechsel von der unbeschränkten zur beschränkten Steuerpflicht und umgekehrt ist nach § 2 Abs. 7 Satz 3 EStG für den gesamten Veranlagungszeitraum nur eine Veranlagung zur unbeschränkten Steuerpflicht durchzuführen. Dabei sind die Einkünfte aus dem Zeitraum der beschränkten Steuerpflicht nach § 49 EStG zu ermitteln und in die Veranlagung zur unbeschränkten Steuerpflicht einzubeziehen. Die Abgeltungswirkung des Steuerabzugs nach § 50 Abs. 5 Satz 1 EStG tritt nicht ein. Die während der Zeit der beschränkten Steuerpflicht erzielten und nicht der deutschen Einkommensteuer unterliegenden Einkünfte sind im Rahmen des Progressionsvorbehalts nach § 32b Abs. 1 Nr. 2 EStG zu berücksichtigen. Wichtig ist den Zweitraum zwischen unbeschränkter und beschränkter Steuerpflicht Tag genau abzurechnen.[14]

Dazu ein Beispiel:

Rentner C. verzieht zum 1.5. nach Marokko. Neben seiner Rente erzielt er Einkünfte aus der Vermietung einer Eigentumswohnung. Somit stehen ihm bis zum 30.4. als unbeschränkt Steuerpflichtiger alle Vergünstigungen des deutschen Steuerrechts zu. Allerdings nur zeitanteilig für 4 Monate. Für den Rest der Zeit wird er als beschränkt Steuerpflichtiger eingestuft und kann, ebenfalls zeitanteilig, nur die oben beschriebenen Positionen in Anspruch nehmen.

[14] § 2 Abs. 7 Satz 3.

Ausländische Einkünfte aus Gewerbebetrieb – Besteuerung und Anrechnung von Verlusten?

Ist ein Steuerpflichtiger unbeschränkt einkommensteuerpflichtig in Deutschland ist sein gesamtes Welteinkommen zu versteuern. Dies bedeutete in der Vergangenheit, dass nicht nur positive Einkünfte angerechnet werden, sondern auch im Ausland entstandene Verluste von den Finanzbehörden berücksichtigt werden müssen. Dies verhinderten die deutsche Finanzbehörde durch Einführung des § 2a EStG, in dem Verluste nur beschränkt oder gar nicht verrechenbar waren. Da dies nach EU-Recht aber nicht zulässig ist, wurde der § 2a EStG so umgewandelt, dass er nur für Drittstaaten gilt. Drittstaaten sind nach der Definition alle Länder mit Ausnahme der EU und EWR Staaten. Somit ist auch die Schweiz ein Drittstaat. § 2a EStG regelt, dass bestimmte negative Einkünfte aus Drittstaaten nur beschränkt ausgeglichen werden dürfen und zwar in dergestalt, dass diese nur im selben Staat und nur mit Einkünften der jeweils selben Art verrechnet werden dürfen. Zu diesen zählen insbesondere negative Einkünfte aus:

- einer in einem Drittstaat belegenen land- und forstwirtschaftlichen Betriebsstätte,
- einer in einem Drittstaat belegenen gewerblichen Betriebsstätte,
- dem Ansatz des niedrigeren Teilwerts eines zu einem Betriebsvermögen gehörenden Anteils an einer Drittstaaten-Körperschaft oder
- der Veräußerung oder Entnahme eines zu einem Betriebsvermögen gehörenden Anteils an einer Drittstaaten-Körperschaft oder aus der Auflösung oder Herabsetzung des Kapitals einer Drittstaaten-Körperschaft,
- der Veräußerung eines Anteils größer 1% an einer Drittstaaten-Kapitalgesellschaft,
- der Beteiligung an einem Handelsgewerbe als stiller Gesellschafter und aus partiarischen Darlehen, wenn der Schuldner Wohnsitz, Sitz oder Geschäftsleitung in einem Drittstaat hat,
- der Vermietung oder der Verpachtung von unbeweglichem Vermögen oder von

Sachinbegriffen, wenn diese in einem Drittstaat belegen sind, oder

- dem Ansatz des niedrigeren Teilwerts oder der Übertragung eines zu einem Betriebsvermögen gehörenden Wirtschaftsguts

Ausgenommen von dieser Regelung sind gemäß § 2 Abs. 2 EStG negative Verluste, wenn der Steuerpflichtige nachweist, dass die negativen Einkünfte aus einer ausländischen Betriebsstätte stammen, die ausschließlich aus der Herstellung oder Lieferung von Waren, der Gewinnung von Bodenschätzen oder die Bewirkung gewerblicher Leistungen zum Gegenstand hat, sofern diese nicht Einrichtungen des Fremdenverkehrs oder der Überlassung von Rechten, Plänen, Mustern, Verfahren und Kenntnissen bestehen. Diese Vorschrift gilt nur gegenüber Drittstaaten, nicht gegenüber EU/EWR-Staaten.

Einige Beispiele dazu:

Armin B. hat gewerbliche Einkünfte in Deutschland in Höhe von 100.000 Euro und gleichzeitig in einem Drittstaat mit dem Deutschland kein Doppelbesteuerungsabkommen gewerbliche Verluste in Höhe von 70.000 Euro. Zur Beantwortung der Frage, ob die ausländischen Verluste angerechnet werden können, muss zunächst geklärt werden, ob beide Einkünfte aus gewerblicher Tätigkeit im Sinn von § 15 Abs. 1 EStG stammen und, ob vor Ort eine Betriebsstätte gemäß § 12 AO errichtet ist. Beides ist zu bejahen. Somit erzielt B. in einem Drittstaat negative Einkünfte gemäß § 2a Abs. 1 Satz 2 EStG. Diese fallen unter die Ausnahme von § 2a Abs. 2 EStG und sind somit voll ausgleichsfähig. Seine Einkünfte aus gewerblicher Tätigkeit gemäß § 15 EStG betragen somit 30.000 Euro.

Würden die Verluste in Höhe von 70.000 Euro vor Ort aus einer Touristikanlage stammen, wären sie nicht ausgleichsfähig aufgrund § 2a Abs. 2 Satz 1.

Ebenso wenig, wenn die negativen gewerblichen Einkünfte aus Lizenz- und Patentgeschäften stammen würden.

Armin B. hat neben den oben genannten Einnahmen im Drittstaat Verluste aus Vermietung und Verpachtung in Höhe von 35.000 Euro. Diese können nicht ausgeglichen werden, da sie gemäß § 2a Abs. 1 Nr. 6a unter die Vermietung und Verpachtung von unbeweglichem Vermögen fallen und somit nicht ausgeglichen werden dürfen. Für diese Verluste bleibt nur der Vortrag im Drittstaat und Ausgleich der Verluste mit künftigen Gewinnen.

Ausländische Einkünfte aus Vermietung und Verpachtung – Besteuerung und Anrechnung von Verlusten

Bei der Beantwortung dieser Frage ist zu unterscheiden, ob es sich um Immobilien im EU/EWR Ausland oder in einem Drittstaat handelt. Ferner ist zu klären, ob ein Doppelbesteuerungsabkommen mit Deutschland besteht und wie dort die Besteuerung geregelt ist. Als EWR-Staaten gelten neben den 27 EU-Staaten Norwegen, Liechtenstein und Island. Die Schweiz ist kein EWR Land und wird folglich als Drittstaat behandelt.

Einkünfte aus Vermietung und Verpachtung innerhalb der EU/EWR

Besteht ein DBA mit dem EU/EWR Staat, was die Regel ist, steht die Besteuerung der Einkünfte aus unbeweglichem Vermögen, dazu zählen in der DBA-Sprache Immobilien, dem Belegenheitsstaat zu. Also dem Staat in dem die Immobilie liegt. Ferner ist zu klären, ob die Vermietungs- und Verpachtungs-Einkünfte unter die Freistellungsmethode oder Anrechnungsmethode fallen. Dies richtet sich nach dem jeweiligen DBA.

In den meisten DBA mit EU/EWR Ländern ist die Freistellungsmethode vereinbart mit der Folge, dass die Mieteinnahmen in Deutschland dem Progressionsvorbehalt unterliegen würden. § 32 b Abs. 1 Nr. 3 EStG schließt dies jedoch aus mit der Folge, dass Vermietungseinkünfte in der EU/EWR nur vor Ort zu versteuern sind und in der deutschen Steuererklärung außer Acht gelassen werden können. Diese Praxis geht auf ein Urteil des Europäischen Gerichtshof zurück. Danach entfällt die Anwendung des Progressionsvorbehalts innerhalb der EU/EWR Staaten und wird nur noch bei V+V Einkünften in Drittstaaten angewandt.[15] Dies hat aber auch zur Folge, dass in EU/EWR Ländern erzielte negative Einkünfte aus V+V nicht mit positiven deutschen verrechnet werden können. Anders bei der Anrechnungsmethode. Diese ist bspw. zwischen Deutschland und Spanien, Finnland (bis 2017) und Zypern vereinbart. Dies bedeutet, dass vor Ort bezahlte Steuern auf die lokalen Vermietungseinkünfte in Deutschland angerechnet werden, aber auch, dass negative Verluste mit deutschen zu versteuernden Einkünften verrechnet werden können.

[15] EUGH Urteil v. 21.2.2006 C 152/03.

Einkünfte aus Vermietung und Verpachtung von Drittstaaten

Auch in diesem Fall ist zu prüfen, ob ein DBA besteht und welches Verfahren, Freistellungs- oder Anrechnungsmethode, anzuwenden ist.

Üblicherweise ist auch in DBA mit Drittstaaten die Freistellungsmethode vereinbart. Dann sind V+V Einkünfte lokal zu versteuern und fallen in Deutschland unter den Progressionsvorhalt gemäß § 32b EStG. Wichtig dabei ist, dass die Einkünfte nach deutschen Steuervorschriften ermittelt werden. Mit Urteil des Europäischen Gerichtshof entfällt dies jedoch bei EU/EWR Staaten und wird nur noch bei V+V Einkünften in Drittstaaten angewandt.[16] Ein negativer Progressionsvorbehalt ist generell ausgeschlossen. Negative Einkünfte können nur mit künftigen positiven Einkünften aus Vermietung und Verpachtung verrechnet werden.

Bei der Anrechnungsmethode ist das gesamte Welteinkommen unter Anrechnung der ausländischen Steuer auf die V+V Einkünfte zu versteuern. Auch hier können lokale Verluste aus V+V nicht mit deutschen

[16] EUGH Urteil v. 21.2.2006 C 152/03.

positiven Einkünften verrechnet werden. Denn § 2a Abs. 1 Nr. 6a EStG regelt, dass bestimmte negative Einkünfte nur mit positiven Einkünften derselben Art und aus demselben Staat ausgeglichen werden dürfen. Somit ist ein Ausgleich ausländischer Verluste mit positiven inländischen Verlusten selbst bei gleicher Einkunftsart nicht möglich. Die Anrechnungsmethode ist bspw. mit der Schweiz, die Drittstaat Status besitzt, vereinbart.

Nachstehend ein Überblick über die verschiedenen Varianten der Besteuerung von ausländischen V+V Einkünfte bei unbeschränkt steuerpflichtigen Inländern.

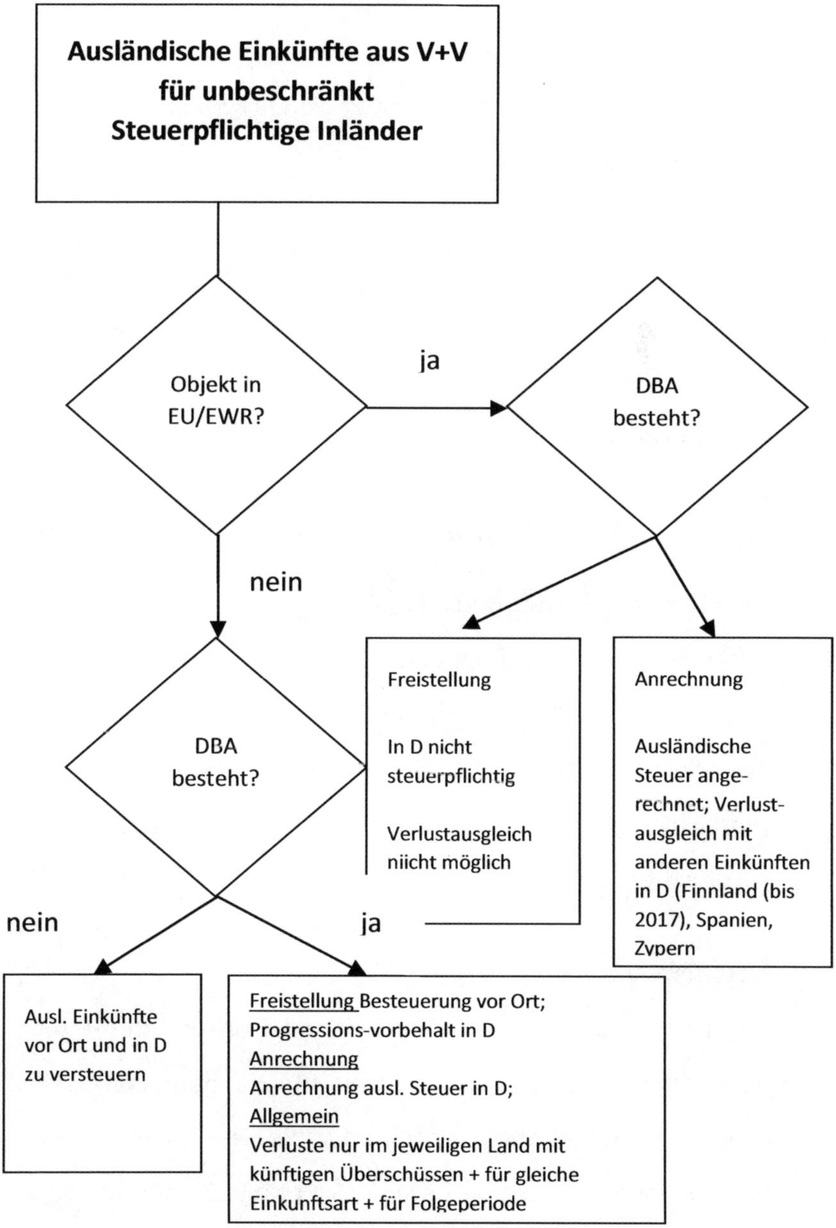
Ausländische Einkünfte aus V+V für unbeschränkt Steuerpflichtige Inländer
Objekt in EU/EWR?
ja
DBA besteht?
Freistellung
In D nicht steuerpflichtig
Verlustausgleich niicht möglich
Anrechnung
Ausländische Steuer angerechnet; Verlustausgleich mit anderen Einkünften in D (Finnland (bis 2017), Spanien, Zypern
nein
DBA besteht?
nein
ja
Ausl. Einkünfte vor Ort und in D zu versteuern
Freistellung Besteuerung vor Ort; Progressions-vorbehalt in D
Anrechnung
Anrechnung ausl. Steuer in D;
Allgemein
Verluste nur im jeweiligen Land mit künftigen Überschüssen + für gleiche Einkunftsart + für Folgeperiode

Juristische Personen

Nicht nur natürliche Personen überlegen auszuwandern, auch Unternehmer überlegen aus vielfältigen Gründen ihr Unternehmen oder Teile davon ins Ausland zu verlagern. Gründe können günstigere Lohnkosten oder Energiekosten sein, die Nähe zu dem Endabnehmer, attraktivere steuerliche Rahmenbedingungen, in Aussicht gestellte Subventionen oder Zugang zu besser ausgebildetem Personal sein.

Unbeschränkte und beschränkte Körperschaftsteuerpflicht

Gemäß § 2 Körperschaftsteuergesetz (KStG) sind Körperschaften, die in Deutschland weder einen Sitz noch ihre Geschäftsleitung beschränkt steuerpflichtig. Somit sind alle Körperschaften mit Sitz oder Geschäftsleitung in Deutschland unbeschränkt zur Körperschaftsteuer verpflichtet.

Geschäftsleitung

Hierbei handelt es sich um den Ort an dem die Geschäftsleitung gemäß § 116 und 164 Handelsgesetzbuch (HGB) die Handlungen vornimmt, die der gewöhnliche Betrieb des Handelsgewerbes mit sich bringt. Darunter fallen alle tatsächlichen, organisatorischen und rechtsgeschäftlichen Vorgänge, die üblicherweise von der zur Vertretung der Gesellschaft berechtigten Personen, also den Geschäftsführern oder Vorständen, ausgeführt werden. Darunter ist insbesondere das Tagesgeschäft zu verstehen.[17] Sollte der Betrieb kein eigenes Büro unterhalten, ist hilfsweise der Wohnsitz des Geschäftsführers der Mittelpunkt der geschäftlichen Oberleitung. Dies bedeutet, dass bei Wegzug des Gesellschafters sowie des alleinvertretungsberechtigten Geschäftsführers oder des geschäftsführenden Gesellschafters ins Ausland auch gleichzeitig der Ort der Geschäftsleitung mit ins Ausland verzieht. In diesem Fall kommt § 6 AStG ins Spiel. Dieser besagt, dass bei einem Wegzug fiktiv unterstellt wird, dass die GmbH oder der Anteil des Gesellschafters an der GmbH verkauft wird. Die Bewertung erfolgt dabei zum Verkehrswert mit der Folge, dass stille Reserven aufzudecken sind.

Zu beachten ist, dass es sich nicht um die im Handelsregister eingetragenen Geschäftsführer handeln muss, sondern um

[17] Vgl. BFH Urteil v. 23.1.1991, I R 22/90.

die faktisch mit dem Tagesgeschäft der GmbH befassten Personen handeln muss.

Beispiel:

Gemäß Handelsregister sind zwei Geschäftsführer eingetragen, die im Ausland wohnen. Sie kümmern sich nicht um das Tagesgeschäft, sondern nehmen nur an der jährlich im Mai stattfindenden Geschäftsführerversammlung in Deutschland teil. Das Tagesgeschäft wurde drei Prokuristen übertragen. Dies führt dazu, dass der Ort der Geschäftsleitung weiterhin in Deutschland verbleibt. Dies wäre auch der Fall, wenn einer der Geschäftsführer – bei gleicher Konstellation – von Deutschland ins Ausland verzieht.

Gibt es mehrere Geschäftsführer bspw. für den Technik und den kaufmännischen Bereich richtet sich der Ort der Geschäftsleitung in der Regel nach dem Aufenthaltsort des kaufmännischen Geschäftsführers.

Wegzugbesteuerung

Grundsätzliches

Wie bereits bei der Lex Horten beschrieben hat Deutschland mit § 6 AStG die Möglichkeit geschaffen bei Wegzug eines mit mindestens 1% an einer Kapitalgesellschaft beteiligten Gesellschafters eine Wegzugsteuer zu etablieren. Ziel ist es einen möglichen Verkaufsgewinn in Deutschland zu versteuern. Würde diese Steuervorschrift nicht bestehen, könnte der Gesellschafter in ein Land verziehen, welches keine Steuern auf den Verkauf von Gesellschaften und Gesellschaftsanteilen erhebt und somit steuerfrei sein Unternehmen oder seine Unternehmensbeteiligung verkaufen. Durch die Wegzugsteuer wird praktisch unterstellt, dass der Gesellschafter bei Wegzug seinen Anteil verkauft. Dadurch muss er seine stillen Reserven aufdecken und der Besteuerung unterwerfen. Die Besteuerung erfolgt derart, dass er auf den durch einen fiktiven Veräußerungsvorgang ermittelten Gewinn in Deutschland Steuern zahlen muss. Bis zu Beginn des Jahres 2022 wurden die Steuern bei Wegzug in ein EU/EWR Land gestundet, ab dem 1.1.2022 ist diese Möglichkeit der unbefristeten Steuerstundung weggefallen. Somit wird der Wegzug sowohl in ein EU/EWR-Land als auch in einen Drittstaat gleichbehandelt. Die ab 2022 Regelung schreibt vor, dass die Steuer in sieben gleichen Jahresraten zu zahlen ist, unabhängig davon, wohin der Gesellschafter der Kapitalgesellschaft verzieht. Voraussetzung hierfür ist, dass der Steuerpflichtige in den letzten 12 Jahren mindestens sieben Jahre unbeschränkt steuerpflichtig in Deutschland war.[18]

Beispiele:

Harry Z. ist mit 20% an der Traktorenfabrik „Trekker 99“ mit 25% beteiligt. Den Anteil kaufte er vor mehr als 10 Jahre für 100.000 Euro. Eine Funktion im Unternehmen nimmt er nicht wahr. Das Unternehmen weist einen durchschnittlichen Jahresüberschuss der letzten drei Jahre von 500.000 Euro aus. Er gibt seinen Wohnsitz in Deutschland auf und zieht mit seiner Familie ins Ausland. Obwohl Harry seine 20% an dem Unternehmen behält, ist Wegzugsteuer fällig. Dies wird damit begründet, dass er seine unbeschränkte Steuerpflicht

[18] Vgl. § 6 Abs. 2 AStG.

aufgibt und bei Niederlassung in bestimmten Ländern seine deutsche Beteiligung steuerfrei verkaufen könnte.

Das gleiche trifft auch zu, wenn der in Deutschland ansässige Harry Z. nicht an einer deutschen, sondern ausländischen Firma beteiligt wäre und ins Ausland verziehen möchte. Denn auch dann könnte bei unbeschränkter Steuerpflicht in Deutschland das deutsche Finanzamt bei Verkauf der ausländischen Beteiligung Steuern geltend machen, bei einem Wohnsitz im Ausland jedoch nicht mehr.

Lisa K. gründete vor 4 Jahren eine GmbH mit einem Stammkapital von 50.000 Euro. Die Geschäfte laufen sehr gut, es ergibt sich ein steuerlicher Gewinn im Schnitt der letzten drei Jahre von 200.000 Euro. Sie beabsichtigt nach Spanien umzuziehen. Auch in diesem Fall müsste der fiktive Veräußerungsgewinn besteuert werden und in sieben Jahren beglichen werden..

Höhe der Wegzugsteuer

Die Berechnung der Wegzugsteuer erfolgt nach dem vereinfachten Ertragswertverfahren. Dieses Verfahren ist in § 200 Bewertungsgesetz (BewG) definiert. Danach ist der künftige nachhaltig erzielbare Jahresertrag zu ermitteln und mit einem Kapitalisierungsfaktor zu multiplizieren. Der nachhaltig erzielbare Jahresertrag wird gemäß § 201 Abs. 2 aus den Betriebsergebnissen der letzten drei abgeschlossenen Wirtschaftsjahre vor dem Bewertungszeitpunkt ermittelt. Dazu wird der durchschnittliche Gewinn der Kapitalgesellschaft nach Steuern der letzten drei Jahre gleichgewichtet verwendet. An Steuern kann ein Pauschalsteuersatz von 30% berücksichtigt werden.[19] Der ermittelte Durchschnittswert wird mit dem Faktor 13,75 multipliziert.[20] Von dem so ermittelten Ergebnis sind die Einstandskosten des Anteils, also bspw. das eingezahlte Stammkapital oder der ehemalige Kaufpreis des Anteils oder der ehemalige Unternehmenskaufpreis, abzuziehen. Die sich ergebende Differenz unterliegt dem Teileinkünfteverfahren. Dies bedeutet, dass 60% des Betrages der Einkommensteuerpflicht unterliegen.

Einen wesentlicher Anteil am Ergebnis hat der Unternehmerlohn. Dieser ist gemäß § 202 Abs. 1 Nr. 2d abzuziehen, sofern bisher kein solcher berücksichtigt wurde.

---

[19] § 202 Abs. 3 BewG.

[20] § 203 Abs. 1 BewG.

Die Höhe des Unternehmerlohns kann jedoch nicht frei gewählt werden, sondern der Lohn muss angemessen sein. Was angemessen ist, bestimmt sich durch einen Drittvergleich. Danach also, wie viel Unternehmerlohn ein nicht beteiligter Dritte für die Tätigkeiten verlangen würde. Neben dem Unternehmerlohn kann auch ein fiktiver Lohnaufwand für bislang unentgeltlich tätige Familienmitglieder berücksichtigt werden.

Für die Beispiele bedeutet dies:

Harry Z. hat Einkünfte aus Gewerbebetrieb nach Steuern des Betriebes innerhalb der letzten drei Jahre von durchschnittlich 25% von 500.000 Euro, somit 125.000 Euro. Der fiktive Veräußerungspreis für seinen Anteil beträgt somit:

125.000 Euro multipliziert mit 13,75 = 1.718.750 Euro

abzgl. der Erwerbskosten in Höhe von bspw. 100.000 Euro ergibt sich ein fiktiver Verkaufserlös von 1.618.750 Euro.

Davon unterliegen 60% = 971.250 Euro der Steuer, was letztendlich zu Steuern in Höhe von 423.000 Euro führt.

Für Lisa K. ergäbe sich entsprechend:

Durchschnittsgewinn der letzten drei Jahre 200.000 Euro.

Fiktiver Verkaufserlös: 200.000 Euro x 13,75 = 2.750.000Euro abzgl. eingebrachtes Stammkapital in Höhe von 50.000 Euro, ergibt einen Erlös von 2.700.000 Euro, der zu 60% (=1.620.000 Euro) steuerpflichtig ist. Die alleistehende Lisa muss rund 750.000 Euro Wegzugsteuer bezahlen.

Möglichkeiten der Vermeidung und Reduzierung der Wegzugsteuer

Möglichkeit 1:

Verzichten Sie auf den Wegzug ins Ausland

Möglichkeit 2

Soll der Wegzug nicht sofort erfolgen, kann über die nächsten drei Jahre das Unternehmensergebnis nach Steuern hin zu einem niedrigeren Jahresgewinn beeinflusst werden. Zu prüfen ist deshalb, ob

- der Unternehmerlohn erhöht werden kann,
- Familienmitgliedern Gehalt gezahlt werden kann
- Investitionszulagen erhalten wurden, die jetzt abzuziehen sind,
- Sonstige Vermögenserträge angefallen sind, die nicht zum üblichen Geschäftsbetrieb gehören

Möglichkeit 3:

Zwar ins Ausland umziehen, aber den deutschen Wohnsitz beibehalten. Dann ist allerdings zu prüfen, ob nicht noch zusätzliche Steuern im Ausland fällig werden. In diesem Fall ist eine Einzelprüfung anhand des jeweiligen Doppelbesteuerungsabkommens mit dem Zweitwohnsitzland durchzuführen. Außerdem muss sichergestellt sein, dass bei geschäftsführenden Gesellschaftern nicht der Ort der Geschäftsleitung im Ausland liegt. Somit kann es von Fall zu Fall notwendig werden einen Geschäftsführer im Inland anzustellen, der die Tagesgeschäfte führt.

Möglichkeit 4:

Den Wegzug in die Zukunft verschieben und die nächsten drei Jahresergebnisse möglichst niedrig, jedoch steuerehrlich, planen. Bspw. durch Einschränkung des Verkaufs, erhöhte Abschreibungen, usw.

Möglichkeit 5:

Anteilsübertragung auf Familienmitglieder, die in Deutschland unbeschränkt steuerpflichtig sind und in naher Zukunft auch ihren Wohnsitz in Deutschland beibleiben werden. Gegebenenfalls fällt für die vorweggenommene Erbfolge Erbschaftsteuer an, die jedoch für Betriebsvermögen wesentlich vorteilhafter im Vergleich zu Privatvermögen ist.

Möglichkeit 6:

Wenn das Unternehmen noch nicht groß ist, liquidieren und im Ausland neu beginnen.

Möglichkeit 7:

Umwandlung der Kapitalgesellschaft in eine Personengesellschaft. Dabei muss der Sitz der Gesellschaft allerdings in Deutschland bleiben. Als Unternehmensform eignet sich die GmbH & Co KG

Möglichkeit 8:

Gemäß Außensteuergesetz unterliegen nur Kapitalgesellschaften oder Anteile von Kapitalgesellschaften, die im Privatvermögen gehalten werden, der

Wegzugsteuer.[21]Die achte Möglichkeit die Wegzugsteuer zu verhindern besteht deshalb darin, die Anteile Kapitalgesellschaft von der Privatperson auf eine Holding bspw. in Form einer GmbH & Co KG zu übertragen. Dies kann steuerneutral geschehen. Die GmbH & Co KG steht somit zwischen dem Anteilseigner und der GmbH. Allerdings ist diese Konstruktion bei einem Wegzug in ein Land, welches ein DBA mit Deutschland unterhält, nicht möglich. Möglich ist dies nur, wenn man in ein Land zieht mit dem Deutschland kein DBA hat. Musterbeispiele sind hier der Wegzug nach Dubai oder in die Vereinigte Arabischen Emirate (VAE).

Möchte man in ein Land verziehen, welches ein DBA mit Deutschland hat, darf es sich bei der GmbH&Co KG nicht um eine reine Vermögens-Holding handeln. Vielmehr muss diese gewerblich tätig sein und bspw. Dienstleistungen für die GmbH erbringen. Auch darf der bisherige ins Ausland verzogene Gesellschafter Geschäftsführer nicht als Geschäftsführer der Holding fungieren, da sonst der Ort der Geschäftsleitung sein neuer ausländischer Wohnsitz wäre und dies zur Steuerpflicht führen würde. Somit muss ein eigener in Deutschland ansässiger Geschäftsführer eingestellt werden sowie Personal, welches Leistungen für

[21] § 6 Abs. 1 AStG.

die Kapitalgesellschaften ausführt. Man erkennt, dass eine solche Konstruktion sehr aufwendig ist.

Möglichkeit 9:

Schenkung der Kapitalgesellschaft oder Anteile daran an eine von ihm gegründete deutsche Familienstiftung. Dies führt i.d.R. dazu, dass Schenkungssteuer fällig wird. Handelt es sich um Betriebsvermögen kommt jedoch die Verschonung von Betriebsvermögen gemäß den §§ 13a und 13b des Erbschaftsteuergesetz (ErbStG) zum Tragen. Sofern bestimmte Kriterien hinsichtlich der Haltedauer der GmbH in der Stiftung sowie hinsichtlich der künftigen Lohnsummen erfüllt werden, sind 85% des Vermögens steuerbefreit. Voraussetzung ist ferner, dass bis zum Ablauf der Haltefrist nicht mehr Vermögen entnommen wird als Gewinne erzielt werden. Dabei gibt es eine Unschädlichkeitsgrenze von 150.000 Euro.[22] An Steuern fallen hierbei rund 30% Körperschafts- und Gewerbesteuer an sowie die Kapitalertragssteuer bei der Ausschüttung an den Begünstigten der Stiftung.

[22] § 13a Abs. 5 Nr. 3 ErbStG.

Möglichkeiten 10:

Schenkung der Gesellschaft bzw. deren Anteile an eine ausländische Stiftung. Dies führt allerdings gemäß § 6 Abs. 1 Nr.2 AStG zur Zahlung der Wegzugsteuer. Eine solche Lösung ist deshalb nur zu empfehlen, wenn der Gewinn der Gesellschaft künftig enorm steigen wird, bspw. durch Produktionserweiterungen, neue Patente und neue Absatzgebiete. Auch für junge im Aufbau befindliche Unternehmen, die sich künftig positiv entwickeln, ist dies eine Lösung.

Möglichkeit 11:

Besteht die Kapitalgesellschaft jedoch schon länger und werden die künftigen Gewinne in etwa gleicher Höhe erwartet, besteht die Möglichkeit die Kapitalgesellschaft nicht zu verschenken, sondern zum Einstandspreis (bspw. der GmbH Stammeinlage von 25.000 Euro) an die ausländische Stiftung zu verkaufen. Zusätzlich vereinbart man einen Besserungsschein dergestalt, dass der marktübliche Kaufpreis erst dann zu zahlen ist, wenn die Kapitalgesellschaft von der Stiftung weiterverkauft wird. Ein bedeutender Vorteil besteht darin, dass die Liquidität zur

Zahlung der Steuer erst erwirtschaftet wird und danach die Steuer bezahlt wird. Die Stiftung erhält künftig die Gewinne nach Abzug der deutschen Körperschafts- und Gewerbesteuer und reicht diese an den ehemaligen Gesellschafter steuerfrei weiter. Wohnt dieser in einem Land, dass ausländische Einkünfte nicht besteuert, erhält der Gewinn vor Ort steuerfrei ausgezahlt.

Möglichkeit 12:

Der 100% Gesellschafter Geschäftsführer beteiligt sich atypisch still an seiner eigenen GmbH. Dadurch entsteht eine Personengesellschaft im Innenverhältnis Für diese ist wiederum die Wegzugbesteuerung nicht anwendbar. Diese Vorgehensweise erzeugt eine Mitunternehmerschaft zwischen Anteilseigner und GmbH. Dabei wird die GmbH als Sondervermögen der Personengesellschaft behandelt. Die Wirkung ist die gleiche wie bei der GmbH & Co KG, jedoch ist die Konstruktion einfach und kostengünstig umzusetzen.

Entstrickungssteuer

Grundsätzliches

Im Gegensatz zur Wegzugsteuer, die sich auf das Privatvermögen bezieht, handelt es sich bei der Entstrickungssteuer oder Exit Tax um eine Steuer auf Unternehmensebene.

Diese Steuer wird fällig, wenn Wirtschaftsgüter oder Unternehmen sowie Teile davon (bspw. die Produktion, der Vertrieb, Patente, Lizenzen, u.ä.) ins Ausland verlagert werden. Werden Unternehmensteile oder Funktionen des Unternehmens verlagert, spricht man von Funktionsverlagerung. Auch die Verlagerung des gesamten Unternehmens würde darunterfallen. Das Außensteuergesetz enthält keine Definition der Funktionsverlagerung. Definiert wird diese in § 1 Abs. 2 Satz 1 FVerlV. Danach liegt eine Funktionsverlagerung vor,

> „wenn ein Unternehmen (verlagerndes Unternehmen) einem anderen, nahestehenden Unternehmen (übernehmendes Unternehmen) Wirtschaftsgüter und sonstige Vorteile sowie damit die damit verbundenen Chancen und Risiken überträgt oder zur Nutzung überlässt, damit das übernehmende Unternehmen eine Funktion

> ausführen kann, die bisher von dem verlagernden Unternehmen ausgeübt worden ist."[23]

Gleichzeitig muss beim verlagernden Unternehmen die bisherige Funktion eingeschränkt werden. Typische Beispiele sind die Verlagerung der Produktion auf einen Eigenproduzenten, Übertragung von Produktrisiken auf ein verbundenes Unternehmen mit der Folge, dass das verlagernde Unternehmen zum Lohnfertiger wird sowie Verlagerung des Vertriebs auf einen Vertragshändler.[24] Bewertet wird dieser Vorgang als Transferpaket.

In Anlehnung an Ditz/Greinert ein Beispiel für eine Funktionsverlagerung auf einen Eigenproduzenten:[25]

> Der in Leverkusen ansässige Pharmakonzern B AG hat ein innovatives Medikament gegen seltene Krankheiten entwickelt, welches kürzlich von der Europäischen Arzneimittel-Agentur (EMA) zugelassen wurde. Der Antrag für die Zulassung in den USA wurde bei der United States of America Food and Drug Administration (FDA) eingereicht. Aufgrund von Kapazitätsauslastungen am Konzernstandort in Leverkusen vergibt der Konzern die Fertigung einschließlich aller Forschungsergebnisse und Rezepturen an seine

[23] § 1 Abs. 2 FVerlV.

[24] BMF v. 13.10.2010, IV B 5, BStBl. I 2010, 774 (im Folgenden: VWG Funktionsverlagerung), Rz.15, Rz. 21 und Rz. 201 – 222.

[25] Vgl. Ditz/Greinert, Funktionsverlagerungen, in: Wassermeyer/Baumhoff, Verrechnungspreise, 2014, 1009, 1012.

Tochtergesellschaft in Basel in der Schweiz. Diese ist auch für den Vertrieb und die Weiterentwicklung des Medikaments zuständig. Leitende Mitarbeiter des Projektes ziehen von Leverkusen nach Basel, um den Gesamtprozess dort zu begleiten.

Die Bewertung erfolgt dann in Form eines Transferpakets aufgrund eines realen oder hypothetischen Fremdvergleichs, der in § 1 Abs. 3 und 3a AStG festgeschrieben ist.

Aber auch bei Kleinunternehmen mit niedrigen Umsätzen, bspw. unter 100.000 Euro, greift diese Vorschrift. Deshalb kann ein solches Unternehmen nicht ohne Entstrickungssteuer, auch Exit-Tax genannt, ins Ausland übersiedeln.

Die Exit-Tax betrifft aber nicht nur Unternehmen, sondern auch Freiberufler und Selbstständige. Sie greift somit bei Kapitalgesellschaften, Personengesellschaften und Einzelunternehmen.

Versteuert werden nicht nur Maschinen und Anlagen, sondern auch Lizenzen, Patente, der Kundenstamm, längerfristige Geschäftsbeziehungen und der eingespielte Verkauf auf entsprechenden Vertriebsplattformen.

Geschieht dies bei Personengesellschaften oder Einzelunternehmen wird eine entsprechende Entnahme unterstellt. Dies ergibt sich aus § 4 Abs. 1 Satz 3 EStG. Demnach wird der Ausschluss oder die Einschränkung des Besteuerungsrechts der Bundesrepublik Deutschland hinsichtlich des Gewinns aus der Veräußerung oder der Nutzung eines Wirtschaftsgutes gleichgestellt mit der Entnahme für betriebsfremde Zwecke. Dabei ist es unerheblich, ob der Steuerpflichte unbeschränkt oder beschränkt steuerpflichtig ist. Bei Kapitalgesellschaften unterstellt das Finanzamt eine fiktive Veräußerung. Dazu definiert § 12 Abs. 1 KStG: „Wird bei der Körperschaft, Personenvereinigung oder Vermögensmasse das Besteuerungsrecht der Bundesrepublik Deutschland hinsichtlich des Gewinns aus der Veräußerung oder Nutzung eines Wirtschaftsgutes ausgeschlossen oder beschränkt, gilt dies als Veräußerung oder Überlassung des Wirtschaftsguts zum gemeinen Wert.“ Der gemeine Wert bedeutet zum aktuellen Verkehrswert, was dazu führt, dass bei Einzelunternehmen, Personengesellschaften und Kapitalgesellschaften bei Verlagerung von Wirtschaftsgütern stille Reserven aufgedeckt werden und zu versteuern sind.

Wird eine Betriebsstätte, Wirtschaftsgüter oder Funktionen des Betriebes ins Ausland verlegt, kann bilanziell ein Ausgleichsposten gebildet werden und die Steuer auf das Jahr des Wegzugs und die folgenden sechs Jahre verteilt werden. Dazu ist allerdings ein Antrag beim Finanzamt zu stellen.[26] War diese Stundung bisher nur für Anlagevermögen möglich, ist dies gemäß Anti-Steuervermeidungsrichtlinie der EU (ATAD) auch für Umlaufvermögen (also bspw. für Warenlager) möglich. Ebenso wurde darin geregelt, dass dies nicht nur für EU/EWR Länder, sondern auch für Drittländer gilt. Voraussetzung hierfür ist jedoch die Errichtung oder das Vorhandensein einer ausländischen Betriebsstätte.

Gründe zur Auflösung des Ausgleichspostens definiert § 6 Abs. 4 AStG. Insbesondere handelt es sich dabei um die Veräußerung oder Übertragung des Wirtschaftsgutes, bei Insolvenz, Vernachlässigung der Mitteilungspflichten des Steuerpflichtigen oder er die Jahresrate nicht fristgerecht zahlt.

---

[26] § 6 Abs. 4 AStG.

§ 6 AStG definiert die wesentlichen Entstrickungstatbestände. Dabei handelt es sich um die Beendigung der persönlichen Steuerpflicht und um den Ausschluss oder die Beschränkung des Besteuerungszugriffs durch die deutschen Finanzbehörden. Dabei ist es unerheblich, ob der Steuerpflichtige die deutsche oder eine andere Staatsangehörigkeit besitzt. Erfasst werden folgende Vorgänge:

- der Wegzug von natürlichen Personen ins Ausland
- der unentgeltliche Übertrag von Anteilen auf nicht unbeschränkte Personen
- die Begründung einer vorrangigen Ansässigkeit nach DBA in einen anderen Staat
- die Einlage von Anteilen in einen Betrieb oder eine Betriebsstätte im Ausland
- der Ausschluss des deutschen Steuerrechts aus anderen Gründen (wenn bspw. das DBA abgeändert wird).

Wesentlich ist die Entstrickungssteuer für die Verlagerung betrieblicher Funktionen sowie für immaterielle Wirtschaftsgüter, insbesondere für sogenannte „Hard-To-

Value Intangible“ (HTVI) Das Außensteuergesetz sowie die Verwaltungsgrundsätze Verrechnungspreise (VWG VP) beschreiben diese als Vermögenswerte, die

- “weder materielle Wirtschaftsgüter oder Beteiligungen noch Finanzanlagen sind,
- Gegenstand eines Geschäftsvorfalls sein können, ohne einzeln übertragbar sein zu müssen, und
- einer Person eine tatsächliche oder rechtliche Position über diesen Vermögenswert vermitteln können.”[27]

Dem wurde im Außensteuergesetz mit der Aufnahme der § 1 Abs. 3b und § 1 Abs. 3c Rechnung getragen.

[27] § 1 Abs. 3c AStG; Tz 3.47 VWG VP; Vgl. auch Deloitte, Verrechnungspreise, https://www.deloitte-tax-news.de/transfer-pricing/immaterielle-werte-auswirkungen-der-1-und-1a-aussensteuergesetz-sowie-der-verwaltungsgrundsaetze-verrechnungspreise.html (20.04.2022).

Beispiele zur Entstrickungssteuer

Obwohl die Entstrickungstatbestände für Kapitalgesellschaften, Personengesellschaften und Einzelunternehmen anzuwenden sind, sind die Beispiele nach diesen Gruppen unterschieden.

Entstrickung bei Selbstständigen

Der in Deutschland ansässige unbeschränkt steuerpflichtige Handelsvertreter K. verkauft auf Provisionsbasis für den amerikanischen Konzern DEF Inc. Produkte an Wiederverkäufer in Deutschland. Des guten Wetters wegen zieht er nach Spanien und tätigt von dort aus telefonisch oder per Videoschaltung seine Verkäufe. Er meldet sich in Deutschland ab und seine Steuerpflicht endet. Da er künftig zur Ausführung seiner selbstständigen Tätigkeit seine in Deutschland aufgebauten Kontakte nutzt (Kundenlisten, Adressdateien, Listen über Umsätze mit Kunden), fällt Entstrickungssteuer an. Das Finanzamt ermittelt deshalb den Wert dieses Wirtschaftsgutes und behandelt den Wert als Entnahme für private Zwecke. Dieser ist vollumfänglich zu versteuern.

Kai O. lebt in Deutschland und ist dort als Selbstständiger unbeschränkt einkommensteuerpflichtig. Er ist im Internetbereich mit T-Shirt Designs, die über verschiedene Plattformen verkauft werden, tätig. Die Verkäufe laufen gut und er beschließt wegen der hohen Steuern Deutschland zu verlassen. Sein Unternehmen meldet er ab, ebenso seinen Wohnsitz. Er lässt sich auf Zypern nieder, meldet ein Unternehmen an und führt seine Geschäfte mit den bisherigen Plattformen und den gespeicherten Design fort. Auch in diesem Fall fällt Entstrickungssteuer an. Dabei bewertet das Finanzamt den Wert des übertragenen Wirtschaftsgutes bzw. in diesem Fall des gesamten Betriebes und unterstellt eine Entnahme zu privaten Zwecken. Auch hier wird der durchschnittliche Gewinn der letzten drei Jahre ermittelt und mit dem Faktor 13,75 multipliziert, um die Steuerlast zu errechnen. Diese ist nach dem Teileinkünfteverfahren in Deutschland zu versteuern.

Als Alternative überlegt Kai O. das deutsche Unternehmen beizubehalten und ein neues auf Zypern zu gründen. Seine in Deutschland verwendeten Designs kopiert er und verwendet sie für die Firmenaktivitäten auf Zypern. In diesem Fall werden immaterielle Wirtschaftsgüter verlagert, deren Wert ebenfalls zu versteuern sind. Dazu nutzt man entweder das vereinfachte Ertragswertverfahren oder erstellt ein vom Institut der deutschen Wirtschaftsprüfer erstelltes Gutachten nach IDW 5. Letzteres ist jedoch sehr umfangreich und teuer und kommt nur für größere Unternehmen infrage.

Entstrickung und Funktionsverlagerung bei Kapitalgesellschaften

Die Theodor GmbH liefert Beschläge weltweit an die Möbelindustrie. Ein Absatzschwerpunkt ist Italien, Spanien und Portugal. Um die Kunden besser unterstützen und beraten zu können, wird beschlossen ein Kundendienstzentrum in Norditalien zu errichten. Dazu übergibt die deutsche Mutter der neu gegründeten italienischen Gesellschaft alle Kundeninformationen, Verkaufsinformationen und sonstige Unterlagen. Da die italienische Niederlassung mit den bisherigen Kontakten noch Umsätze und Gewinne machen wird, muss dieser in Deutschland versteuert werden.

Die in Deutschland ansässige X-Soft AG entwickelt Softwareprogramme und handelt daneben mit IT-Hardware. Die Hardware wird größtenteils direkt und ohne lokalen

Vertrieb nach Südeuropa verkauft. Aufgrund einer in Südeuropa fehlenden lokalen Vertriebseinheit mit dadurch verbundenen Umsatzrückgängen entschließt sich die X-Soft AG in Turin/Italien zum 01.01.2023 eine eigenständige Vertriebsgesellschaft zu gründen. Dazu werden der italienischen Tochter Kundenlisten, Umsätze, Lieferbedingungen und weitere wesentliche Informationen zur Verfügung gestellt. Schon vor der Gründung dieser Gesellschaft werden im Jahr 2020 Vertriebsleute eingestellt, die vom italienischen und spanischen Homeoffice aus den südeuropäischen Markt betreuen. Ziel ist es sowohl ehemalige Kunden zurückzugewinnen als auch neue Kunden zu akquirieren. Dabei werden zurückgewonnene Kunden nicht als Alt- sondern als Neukunden betrachtet. Die Umsatzentwicklung der vergangenen Jahre mit vorhandenen Kunden nimmt stetig ab. Die Umsätze der zurückgewonnenen und neuen Kunden dagegen steigen. Der sogenannte Überlebensfaktor, das heißt der Prozentsatz an Altkunden, die weiter bestellen, fällt erheblich. Zur Bewertung des übertragenen Kundenstammes, die Grundlage der Besteuerung darstellt, werden unter Berücksichtigung der errechneten Abschmelzrate die künftigen Gewinne und Cashflows der italienischen Tochter berechnet. Da sowohl die Ermittlung aus Sicht der deutschen Mutter als auch der italienischen Tochter zu erfolgen hat, führt dies zu einem Minimum- und einem Maximalwert. Können keine Fremdvergleichspreise für die Ermittlung des Kundenstamms herangezogen werden, ist der Mittelwert der beiden errechneten Preise maßgebend. Dieser ist Grundlage der Besteuerung der deutschen Mutter.

Vermeidung der Entstrickungssteuer

Möglichkeit 1:

Noch in Deutschland abgeschlossene langlaufende Verträge mit Kunden sind zwar positiv für die Planung der künftigen Geschäftsentwicklung, führen jedoch bei der Entstrickungssteuer zur Besteuerung. Deshalb sollten keine langfristigen Verträge abgeschlossen werden. Nachteilig ist natürlich, dass vom neuen Wohnsitz aus neue Aufträge akquiriert werden müssen. Dies erfordert Zeit und teilweise Reisetätigkeit, um Kunden in der alten Heimat zu gewinnen.

Möglichkeit 2:

Sind langfristige Verträge abgeschlossen worden, sollten man diese auslaufen lassen und nicht verlängern. Optimal wäre es bis dahin mit der Auswandung zu warten.

Möglichkeit 3

Soll der Wegzug nicht sofort erfolgen, kann über die nächsten drei Jahre das Unternehmensergebnis nach Steuern hin zu einem niedrigeren Jahresgewinn beeinflusst werden. Zu prüfen ist deshalb, ob

- der Unternehmerlohn erhöht werden kann,
- Familienmitgliedern Gehalt gezahlt werden kann
- Investitionszulagen erhalten wurden, die jetzt abzuziehen sind,
- Sonstige Vermögenserträge angefallen sind, die nicht zum üblichen Geschäftsbetrieb gehören

Möglichkeit 4:

Den Wegzug in die Zukunft verschieben und die nächsten drei Jahresergebnisse möglichst niedrig, jedoch steuerehrlich, planen. Bspw. durch Einschränkung des Verkaufs, erhöhte Abschreibungen, usw.

Möglichkeit 5:

Als Alternative zum vereinfachten Ertragswertverfahren können auch aktuelle Fremdvergleichspreise herangezogen werden. Steht bspw. die Bewertung eines Onlinehandels an, könnten Vergleichsdaten über Unternehmensverkaufsportale herangezogen werden. Zu beachten ist, dass die zum Verkauf stehenden Unternehmen ähnliche Finanzkennzahlen aufweisen.

Weitere Möglichkeiten, insbesondere, was die Einschaltung einer Stiftung anbelangt, wurden bereits im Abschnitt „Möglichkeiten der Vermeidung und Reduzierung der Wegzugsteuer“ angesprochen und können auch hier angewandt werden

Firmengründung im Ausland und Beibehaltung des deutschen Wohnsitz?

Viele Jungunternehmer, Influencer, Youtuber und Amazon Händler träumen davon in einem steuerfreien oder niedrig besteuerndem Land eine Firma zu gründen, die Geschäfte über diese zu steuern und trotzdem weiterhin in Deutschland ansässig zu sein.

Dies ist allerdings wegen der Hinzurechnungsbesteuerung nicht möglich. Unter der Hinzurechnungsbesteuerung versteht man die unmittelbare Besteuerung von Einkünften einer ausländischen Gesellschaft bei einem im Inland ansässigen Gesellschafter, der seinerseits eine natürliche oder juristische Person oder Personenvereinigung sein kann. Diese Besteuerung hat drei Voraussetzungen:

- Beherrschung einer ausländischen Gesellschaft durch eine in Deutschland ansässige Person
- Niedriger Steuersatz von unter 25% im Ausland
- Ausübung einer passiven Tätigkeit bzw. Generierung passiver Einkünfte

Was unter Beherrschung zu verstehen ist, definiert § 7 Abs. 2 AStG. Eine Beherrschung liegt demnach vor, wenn dem Steuerpflichtigen allein oder zusammen mit ihm nahestehenden Personen am Ende des Wirtschaftsjahres der ausländischen Gesellschaft mehr als die Hälfte der Stimmrechte oder mehr als die Hälfte der Anteile unmittelbar oder mittelbar zuzurechnen sind oder ein Anspruch auf mehr als die Hälfte des Gewinns oder Liquiditätserlöses zusteht. Neben der Definition der nahestehenden Personen ist noch wichtig, dass Personen, die sich in Bezug auf die Gesellschaft abgestimmt verhalten als nahestehende Personen betrachtet werden.[28]

Mit Verabschiedung des ATAD -Umsetzungsgesetzes wurde in § 1 Abs. 2 ASTG der Begriff nahestehende Person erweitert. Dabei handelt es sich um eine Person an der der Steuerpflichtige oder die Person am Steuerpflichtigen mittelbar oder unmittelbar mit mindestens einem Viertel am Kapital, dem Gesellschaftsvermögen, den Mitgliedschafts- oder Beteiligungsrechten beteiligt ist oder aber mindestens ein Viertel des Gewinns oder Liquidationserlös für sich beanspruchen kann. Auch ein unmittel- oder mittelbarer

[28] § 7 Abs. 2 und § 7 Abs. 4 AStG.

beherrschender Einfluss fällt ebenfalls darunter. Dies gilt gemäß § 1 Abs. 2 S 3 AStG sinngemäß auch für eine dritte Person, die an der Person und dem Steuerpflichtigen wesentlich beteiligt ist oder an der Person oder dem Steuerpflichtigen die in § 1 Abs. 2 Satz 1 und 2 AStG vorgetragenen Kriterien erfüllt.

Was passive Einkünfte sind, ist durch Ausschluss geregelt. Demnach sind passive Einkünfte solche, die gemäß § 8 AStG keine Einkünfte darstellen aus:

- der Land- und Forstwirtschaft,
- der Herstellung, Bearbeitung, Verarbeitung oder Montage von Sachen, der Erzeugung von Energie sowie dem Aufsuchen und der Gewinnung von Bodenschätzen,
- dem Betrieb von Versicherungsunternehmen, Kreditinstituten und Finanzdienstleistungsinstituten, die einer wesentlichen wirtschaftlichen Tätigkeit im Sinne des Absatzes 2 nachgehen;
- dem Handel, soweit nicht

  a)

ein Steuerpflichtiger, der gemäß § 7 an der ausländischen Gesellschaft beteiligt ist, oder eine einem solchen Steuerpflichtigen im Sinne des § 1 Absatz 2 nahestehende Person, die mit ihren Einkünften hieraus im Geltungsbereich dieses Gesetzes steuerpflichtig ist, der ausländischen Gesellschaft die Verfügungsmacht an den gehandelten Gütern oder Waren verschafft, oder

b)

die ausländische Gesellschaft einem solchen Steuerpflichtigen oder einer solchen nahestehenden Person die Verfügungsmacht an den Gütern oder Waren verschafft,

es sei denn, der Steuerpflichtige weist nach, dass die ausländische Gesellschaft einen für derartige Handelsgeschäfte in kaufmännischer Weise eingerichteten Geschäftsbetrieb unter Teilnahme am allgemeinen wirtschaftlichen Verkehr unterhält und die zur Vorbereitung, dem Abschluss und der Ausführung der Geschäfte gehörenden Tätigkeiten ohne Mitwirkung eines solchen Steuerpflichtigen oder einer solchen nahestehenden Person ausübt,

- Dienstleistungen, soweit nicht

  a)

  die ausländische Gesellschaft für die Dienstleistung sich eines Steuerpflichtigen, der gemäß § 7 an ihr beteiligt ist, oder einer einem solchen Steuerpflichtigen im Sinne des § 1 Absatz 2 nahestehenden Person bedient, die mit ihren Einkünften aus der von ihr beigetragenen Leistung im Geltungsbereich dieses Gesetzes steuerpflichtig ist, oder

  b)

  die ausländische Gesellschaft die Dienstleistung einem solchen Steuerpflichtigen oder einer solchen nahestehenden Person erbringt, es sei denn, der Steuerpflichtige weist nach, dass die ausländische Gesellschaft einen für das Bewirken derartiger Dienstleistungen eingerichteten Geschäftsbetrieb unter Teilnahme am allgemeinen wirtschaftlichen Verkehr unterhält und die zu der Dienstleistung gehörenden Tätigkeiten ohne Mitwirkung eines solchen Steuerpflichtigen oder einer solchen nahestehenden Person ausübt,

- der Vermietung und Verpachtung, ausgenommen

  a)

  die Überlassung der Nutzung von Rechten, Plänen, Mustern, Verfahren, Erfahrungen und Kenntnissen, es sei denn, der Steuerpflichtige weist nach, dass die ausländische Gesellschaft die Ergebnisse eigener Forschungs- oder Entwicklungsarbeit auswertet, die ohne Mitwirkung eines Steuerpflichtigen, der gemäß § 7 an der Gesellschaft beteiligt ist, oder einer einem solchen Steuerpflichtigen im Sinne des § 1 Absatz 2 nahestehenden Person unternommen worden ist,

  b)

  die Vermietung oder Verpachtung von Grundstücken, es sei denn, der Steuerpflichtige weist nach, dass die Einkünfte daraus nach einem Abkommen zur Vermeidung der Doppelbesteuerung steuerbefreit wären, wenn sie von den unbeschränkt Steuerpflichtigen, die gemäß § 7 an der ausländischen Gesellschaft beteiligt sind, unmittelbar bezogen worden wären, und

  c)

die Vermietung oder Verpachtung von beweglichen Sachen, es sei denn, der Steuerpflichtige weist nach, dass die ausländische Gesellschaft einen Geschäftsbetrieb gewerbsmäßiger Vermietung oder Verpachtung unter Teilnahme am allgemeinen wirtschaftlichen Verkehr unterhält und alle zu einer solchen gewerbsmäßigen Vermietung oder Verpachtung gehörenden Tätigkeiten ohne Mitwirkung eines unbeschränkt Steuerpflichtigen, der gemäß § 7 an ihr beteiligt ist, oder einer einem solchen Steuerpflichtigen im Sinne des § 1 Absatz 2 nahestehenden Person ausübt,

Damit die Einkünfte der ausländischen Gesellschaft nicht als passiv eingestuft werden, ist ein dem Fremdvergleich standhaltender Geschäftsbetrieb einschließlich eigenen Büroräumen und Personal vor Ort nötig. Die Geschäftsführung muss einem Dritten überlassen werden. Würde der in Deutschland ansässige Gesellschafter diese Funktion ausüben, würde der Ort der Geschäftsleitung in Deutschland liegen und folglich wäre die Gesellschaft in Deutschland steuerpflichtig.

Vermeidung der Hinzurechnungsbesteuerung

Möglichkeit 1

Eine Hinzurechnungsbesteuerung kann dadurch vermieden werden, dass die lokale Gesellschaft einer aktiven Tätigkeit nachgeht. Dies bestätigte der BFH für eine zypriotische Limited, die ein kleines Büro anmietete und die Geschäftsführerin die einzige Mitarbeiterin war.[29] Wichtig ist der Nachweis, dass die Gestaltung nicht ausschließlich steuerlich motiviert ist und, dass anhand objektiver Anhaltspunkte festgestellt werden kann, dass die Gründung zur Durchführung wirtschaftlichen Aktivitäten erfolgte.

Möglichkeit 2

Auch die Inländerbeherrschung mit einer Quote unter 50% unter Beachtung der Kriterien für nahestehende Personen führt zur Vermeidung der Hinzurechnungsbesteuerung.

Möglichkeit 3:

Eine Hinzurechnungsbesteuerung kann auch durch den Zusammenschluss von mehreren Gründern, Anmietung

---

[29] BFH Urteil v. 13.6.2018 I R 94/15.

eines Büros und Einstellung eines lokalen Geschäftsführers erfolgen. Einigt man sich die Verteilung der Kosten und des Gewinns, kann dadurch eine für alle vorteilhafte Gestaltung erfolgen. Verbleiben die Gesellschafter in Deutschland, sind trotzdem die ausgeschütteten Gewinne in Deutschland zu versteuern.

Möglichkeit 4:

Bei dem lokalen Geschäftsführer sollte es sich nicht um einen Treuhanddirektor handeln. Soll der Vertreter vor Ort nicht die Funktion eines Geschäftsführers haben, so sollte er einen hochrangigen Managertitel tragen.

Möglichkeit 5:

Auf jeden Fall eine eingerichtete Betriebsstätte vor Ort unterhalten. Dazu gehören Büroeinrichtungen, Telefon mit Festnetzanschluss, welches auch besetzt ist.

Möglichkeit 6:

Engagement im Sitzstaat in Form von Teilnahme an Messen, Gesprächskreisen, Wirtschaftsverbänden u.ä. zeigen.

Steuerliche Nomaden – Perpetual Traveler

Unter digitalen Nomaden versteht man Unternehmer oder Arbeitnehmer, die ihre Arbeit mit digitalen Technologien durchführen und ortsunabhängig arbeiten. Somit verdienen sie ihren Lebensunterhalt online und sie haben keinen festen Wohnsitz. Steuerlich betrachten wir den selbstständigen Nomaden.

In den meisten Ländern wird man steuerlich erst erfasst, wenn man dort seinen Wohnsitz hat oder mehr als 180 Tage im Land lebt. Wird dieser Zeitraum nicht überschritten, hat man sich in Deutschland nicht nur abgemeldet, sondern unterhält dort auch keine Wohnung mehr, hält sich dort gewöhnlich auch nicht auf und besitzt man in Deutschland keine wesentlichen Interessen mehr (bspw. eine vermietete Wohnung, Beteiligung an einem Unternehmen), ist man weder in Deutschland noch in irgendeinem Land steuerpflichtig.

Mit dem Status des steuerlichen Nomaden oder Perpetual Traveler sind eher Probleme mit Krankheitsversorgung, Eröffnung und Unterhaltung eines Bankkontos zur

Abwicklung der Geschäftsaktivitäten und weiterer Randaktivitäten verbunden.

Doppelbesteuerungsabkommen

Zweck von Doppelbesteuerungsabkommen

Doppelbesteuerungsabkommen (DBA) sind völkerrechtliche Verträge, mit deren Hilfe Staaten vermeiden, dass bei demselben Steuerpflichtigen dieselben Einkünfte für denselben Zeitraum durch gleichartige Steuern mehrfach belastet werden. Das geschieht, wenn Steuerpflichtige entweder in zwei Staaten gleichzeitig ansässig sind, oder Einkunftsquellen besitzen, die in anderen Staaten als dem Wohnsitzstaat belegen sind. In beiden Fällen kann jeder betroffene Staat seinen eigenen Steueranspruch gegenüber dem Steuerpflichtigen geltend machen. Um die Doppelbesteuerung zu vermeiden, nimmt der Staat, aus dem die Einkünfte stammen, das ist der Quellenstaat, einerseits die Besteuerung zugunsten des Wohnsitzstaates des Beziehers der Einkünfte zurück oder schränkt sie ein, und andererseits stellt der Wohnsitzstaat Einkünfte, die im Quellenstaat besteuert werden können, von seiner Besteuerung frei oder rechnet die auf diese Einkünfte entfallende ausländische Steuer auf seine Steuer an.

Eine Doppelbesteuerung kann nach folgenden Prinzipien erfolgen:

- Wohnsitzlandprinzip: Eine Person ist in dem Staat steuerpflichtig, in dem sie ihren Wohnsitz oder ihren gewöhnlichen Aufenthalt hat.
- Quellenlandprinzip: Eine Person ist in dem Staat steuerpflichtig, aus dem das Einkommen stammt.
- Welteinkommensprinzip: Der Steuerpflichtige wird mit seinem gesamten Welteinkommen besteuert.
- Territorialitätsprinzip: Der Steuerpflichtige wird nur mit dem Einkommen veranlagt, das er auf dem Territorium des betreffenden Staates erwirtschaftet hat.

Sinnvoll sind Doppelbesteuerungsabkommen insbesondere dann, wenn beide Staaten das Welteinkommensprinzip haben. Dann muss geregelt werden, in welchem Staat welche Einkünfte zu versteuern sind. Ist dies nicht geregelt oder besteht überhaupt kein Doppelbesteuerungsabkommen so kann es sein, dass die Einkünfte in jedem Land zu versteuern sind.

Die Prinzipien können auch miteinander kombiniert werden. So gilt in Deutschland das Wohnsitzland- und Welteinkommensprinzip für Inländer, für Nicht-Inländer gilt das Quellenland- und Territorialitätsprinzip. Nach dem deutschen Einkommensteuergesetz wird die Person, die ihren Wohnsitz in Deutschland und ein Sparkonto im Ausland hat, mit den Zinsen aus diesem Sparkonto grundsätzlich in Deutschland steuerpflichtig. Das Doppelbesteuerungsabkommen in dem betreffenden ausländischen Staat legt dann fest, ob die Zinsen von Deutschland oder dem ausländischen Staat besteuert werden.

Inwieweit Doppelbesteuerung vermieden werden kann, wird in dem jeweiligen Doppelbesteuerungsabkommen geregelt. Zur Unterstützung der Staaten entwickelten die Organisation für wirtschaftliche Zusammenarbeit und Entwicklung (OECD) und die Vereinten Nationen Abkommensmuster. Ungeachtet deren Einflusses werden Doppelbesteuerungsabkommen individuell in einem intensiven Verhandlungsprozess zwischen Vertragsstaaten mit jeweils eigener DBA-Politik und Rechtstradition ausgehandelt. Für eine effiziente Umsetzung der deutschen Abkommensziele unter

Verwendung möglichst einheitlicher Formulierungen wurde eine Verhandlungsgrundlage erarbeitet, die sich an das OECD-Musterabkommen anlehnt.[30]

Die Doppelbesteuerungsabkommen weisen dabei folgende einheitliche Gliederung auf:

- Geltungsbereich des Abkommens (Abschnitt I)
- Begriffsbestimmungen (Abschnitt II)
- Besteuerung des Einkommens (Abschnitt III)
- Besteuerung des Vermögens (Abschnitt IV)
- Methoden zur Vermeidung der Doppelbesteuerung (Abschnitt V)
- Besondere Bestimmungen (Abschnitt VI)
- Schlussbestimmungen (Abschnitt VII)

Will man wissen, wie zu einzelnen Fällen das Doppelbesteuerungsabkommen für ein jeweiliges Land ausformuliert ist, kann man in dem geltenden

---

30

https://www.bundesfinanzministerium.de/Content/DE/Glossareintraege/D/004_Doppelbesteuerungsabkommen.html?view=renderHelp#:~:text=Doppelbesteuerungsabkommen%20(DBA)%20sind%20v%C3%B6lkerrechtliche%20Vertr%C3%A4ge,gleichartige%20Steuern%20mehrfach%20belastet%20werden (17.02.2023).

Doppelbesteuerungsabkommen immer im gleichen Abschnitt nachsehen.

In Abschnitt I wird dabei definiert, für welche Personen und welche Steuern das Doppelbesteuerungsabkommen gilt. Darunter fallen in der Regel Personen, die in einem oder beiden Vertragsstaaten ansässig sind. Die Regelungen betreffen insbesondere die Steuern von Einkommen natürlicher Personen und von Kapitalgesellschaften, also Körperschafts- und Gewerbesteuer sowie allgemein Vermögenssteuern. Nur in wenigen Fällen gibt es Doppelbesteuerungsabkommen zur Erbschaftsteuer.

Bei der Definition der Begriffe werden juristisch Vertragsstaat, Personen, Unternehmen, zuständige Behörden, Staatsangehörigkeit, ansässige Personen und Betriebsstätten genau erläutert und festgelegt.

In Abschnitt III „Besteuerung des Einkommens" wird für alle Einkunftsarten festgelegt, wo diese zu besteuern sind. Darunter fallen u.a. Einkünfte aus unbeweglichem Vermögen. Hier sind bspw. land- und forstwirtschaftliche Betriebe und Einkünfte aus der Vermietung und Verpachtung zu nennen. Auch die Art und Weise der Besteuerung von Unternehmensgewinnen, Einkünfte aus verbundenen Unternehmen, Dividenden- und Zinserträge und aus

Lizenzverträgen sowie der Veräußerung von Vermögen wird vorgegeben. Ebenfalls werden die Versteuerung der Einkünfte aus unselbstständiger Arbeit, Vergütungen für Aufsichtsrats- und Verwaltungsmitglieder, Künstler und Sportler festgelegt. Auch der Versteuerungsort von Renten, Ruhegehälter und ähnliche Vergütungen, Gehälter des öffentlichen Dienstes und sogenannter anderer Einkünfte ist geregelt.

Die Versteuerung von Vermögen wird in einem speziellen Teil, dem Abschnitt IV. definiert.

Wesentlich ist Abschnitt V, der definiert, wie eine doppelte Versteuerung vermieden wird. Dies ist im OECD-Musterabkommen unter Artikel 23 A und B geregelt, in den meisten deutschen Doppelbesteuerungsabkommen unter Artikel 22.

Dabei gilt es zwei Möglichkeiten zu unterscheiden. Zum einen die Anrechnung der ausländischen Steuer (Anrechnungsmethode) und zum anderen die Freistellung von der Steuer (Befreiungsmethode) allerdings unter Progressionsvorbehalt.

Befreiungs- oder Freistellungsmethode

Bei dieser Methode hat – von der deutschen Warte ausgesehen - der ausländische Staat das Besteuerungsrecht. Dies trifft i.d.R. auf Einkünfte aus unbeweglichem Vermögen, aus gewerblicher Tätigkeit ausländischer Unternehmen oder im Ausland ausgeübter selbstständiger und unselbstständiger Tätigkeiten zu. Dann verzichtet Deutschland zwar auf die Besteuerung, unterwirft die ausländischen Einkünfte aber dem Progressionsvorbehalt.[31] Dies bedeutet, dass der Steuersatz, nach dem das inländische Einkommen versteuert wird, sich nach den Gesamteinkünften richtet. Bei den Gewinnen aus Betriebsstätten muss es sich dabei um Gewinne aus aktiven Tätigkeiten gemäß § 2a Abs. 2 EStG handeln. Aktive Tätigkeiten werden negativ in der Form definiert, dass zunächst alle Tätigkeiten als passiv bezeichnet werden und dann in § 8 Abs. 1 Nr. 1 AStG Tätigkeiten aufgeführt werden, die aktiv sein können. Dabei handelt es sich um Einkünfte u.a. aus:

- der Land- und Forstwirtschaft

---

[31] § 32b Abs. 1 Nr. 3 EStG.

- die Produktion, Energieerzeugung und Gewinnung von Bodenschätzen
- den Betrieb von Kreditinstituten
- dem Handel
- Dienstleistungen
- Vermietung und Verpachtung

Beispiele:

Tobias N. hat mehrere Mietshäuser in Deutschland mit denen er Einkünfte von 100.000 Euro erzielte. Er arbeitet als angestellter Geschäftsführer im Ausland. Sein Einkommen dort beläuft sich auf 150.000 Euro. Auf sein ausländisches Gehalt zahlt er vor Ort die dort fällig werdenden Einkommensteuer. Die deutschen Finanzbehörden ermitteln unter Berücksichtigung des ausländischen Gehaltes einen Durchschnittssteuersatz für sein gesamtes Einkommen in Höhe von 250.000 Euro. Dieser Steuersatz wird dann auf seine deutschen Einkünfte aus Vermietung und Verpachtung angewandt.

Die in Deutschland ansässige alleinstehende Annette C. ist angestellte Ärztin und erhält ein Gehalt von 120.000 Euro. Nach Abzugsbeträgen beläuft sich ihr zu versteuerndes

Einkommen auf 90.000 Euro. Sie hat zusätzliche ausländische Einkünfte in Höhe von 50.000 Euro. Vor Ort zahlt sie auf diese Einkünfte 10.000 Euro Steuern.

Der Steuersatz errechnet sich aus dem Gesamteinkommen in Höhe von 140.000 Euro. Der beträgt 36,80 %. Dieser wird auf das in Deutschland zu versteuernde Einkommen in Höhe von 90.000 angewandt. Somit beträgt ihre gesamte Steuerlast:

90.000 Euro x 36,80%	=	33.120 Euro
Ausländische Steuer	=	10.000 Euro
Gesamt somit:		43.120 Euro

Anrechnungsmethode

Bei dieser Methode wird die vor Ort gezahlte ausländische Steuer auf die in Deutschland zu zahlende Steuer angerechnet. Dies trifft i.d.R. auf Dividenden, Zins- und Lizenzeinkünfte von ausländischen Schuldnern sowie auf Berufssportler, Künstler und auf Einkünfte aus der Tätigkeit von Aufsichtsratsmitgliedern und Verwaltungsräten von ausländischen Gesellschaften zu.

Beispiel:

Die Ausgangsdaten sind die gleichen wie im Beispiel der Ärztin bei der Freistellungsmethode. Nun ist wie folgt zu rechnen:

140.000 Euro Gesamteinkommen ergibt 51.512 Euro Steuern.

Abzüglich der im Ausland gezahlten Steuer in Höhe von 10.000 Euro ergibt sich eine Steuer in Deutschland von 41.512 Euro.

Beispiel Dividenden:

Erzielt eine in Deutschland lebende natürliche Personen Dividendeneinkünfte aus den US-amerikanischen Staaten wird auf Antrag vor Ort nur eine Steuer von 15% erhoben. Diese wird auf die deutsche Kapitalertragssteuer in Höhe von 25% angerechnet. Somit zahlt der Empfänger der Dividende nur die üblichen 25% Kapitalertragssteuern.

Daneben gibt es noch eine Reihe von weiteren speziellen Verfahrensregeln deren Darstellung im vorliegenden Rahmen zu weit führen würde.

Abgerundet wird das Musterabkommen von dem Abschnitt „Besondere Bestimmungen“ und „Schlussbestimmungen“.

Zu Beginn eines jeden Jahres veröffentlicht das Bundesministerium der Finanzen den Stand der Doppelbesteuerungsabkommen. Er kann im Internet nachgelesen werden.

Pflicht zur Mitteilung grenzüberschreitender Steuergestaltungen

Rechtliche Grundlagen

Im Evaluationsbericht des Bundeszentralamtes für Steuern zum Stichtag 31.12.2015 zu den Erfahrungen der Finanzverwaltung mit den Regelungen zur Funktionsverlagerung, gewonnen aus Betriebsprüfungen in den Jahren 2008 bis Ende 2015, geht hervor, dass Funktionsverlagerungen deutlich weniger geprüft wurden als zu Beginn der Regelungen angenommen.[32] Die Finanzverwaltung schätzte 600 Fälle, berichtet wurden 133 Fälle. Als verlagernde Funktion wurde in den Prüffällen in 57 Fällen die Produktion sowie in 46 Fällen der Vertrieb angegeben. Kundenstamm und Handel wurden in 5, Lizenzen und Know-how nur in 6 Fällen genannt. Diese geringe Zahl erstaunt, insbesondere in Bezug auf die Verlagerung von IWG. Das mag häufig daran liegen, dass aufgewendete Kosten für Forschung und Entwicklung sowie Werbung und Vertrieb als Kosten verbucht werden.[33] Noch schwieriger sind HTVIs für die Finanzverwaltung zu erkennen, da diese

[32] BR-Drs. 153/16, 3.
[33] Tz 6.7 OECD-RL 2017.

wenig konkret und greifbar sind.[34] Zur Aufdeckung von Steuergestaltungen wurde deshalb die Einführung der Richtlinie (EU) 2018/822 des Rates vom 25.5.2018 zur Änderung der Richtlinie 2011/16/EU, die sogenannte DAC6 Richtlinie, bezüglich des verpflichtenden automatischen Informationsaustauschs im Bereich der Besteuerung über meldepflichtige grenzüberschreitende Gestaltungen erlassen.[35] Mit dem Gesetz zur Einführung einer Mitteilungspflicht vom 21. Dezember 2019 hat Deutschland diese Richtlinie in der AO, dem Einführungsgesetz zur Abgabenordnung (EGAO), dem EU-Amtshilfegesetz (EUAHiG) und dem Finanzverwaltungsgesetz (FVG) mit Wirkung zum 01.01.2020 umgesetzt.[36] Grenzüberscheitende Steuergestaltungen sind aber bereits rückwirkend ab dem 25. Juni 2018 zu melden, wenn mit der grenzüberschreitenden Steuergestaltung begonnen wurde. Die Richtlinie verpflichtet Intermediäre und Steuerpflichtige bestimmte grenzüberschreitende Steuergestaltungsmodelle

[34] Vgl. Grotherr, Neuerungen, DStZ 2021, 865.
[35] Richtlinie (EU) 2018/822 des Rates v. 25.05.2018, ABl. EU Nr. L 139, 1.
[36] BMF v. 21.12.2019, BGBl. I 2019, 2875; Industrie- und Handelskammer Chemnitz, Steuergestaltung, https://www.chemnitz.ihk24.de/recht-und-steuern/steuerinformationen-rechnungslegung/steuerrecht/pflicht-grenzueberschreitender-steuergestaltungen-4550752#:~:text=Mai%202018%20sieht%20vor%2C%20dass,im%20nationalen%20Recht%20einf%C3%BChren%20m%C3%BCssen (30.04.2022).

den lokalen Steuerbehörden, im Fall der Bundesrepublik Deutschland dem Bundeszentralamt für Steuern, zu melden.[37]

Ziele der Anzeigepflicht grenzüberschreitender Steuergestaltungen

Hauptziel der Anzeigepflicht ist es, Strategien zur Steuervermeidung und Gewinnverlagerung frühzeitig zu erkennen, die Möglichkeiten zu verringern und letztlich zu verhindern. Als Begründung wird angeführt, dass es für die Mitgliedstaaten immer schwieriger wird umfassende und aktuelle Informationen über mögliche aggressive Steuergestaltungen zu erhalten. Durch die Anzeigepflicht sollten die Finanzverwaltungen früh in die Lage versetzt werden gegen steuerschädliche Steuerpraktiken vorzugehen und Schlupflöcher in der Steuergestaltung zwischen zwei oder mehreren Staaten zu schließen.[38] Die Anzeigepflicht ist davon unabhängig, ob die Gestaltung rechtlich zulässig ist oder nicht. Sie verfolgt dabei drei Ziele: die Rechtssetzungsfunktion, die veranlagungsunterstützende

---

[37] Bundeszentralamt für Steuern, Verfahren, https://www.bzst.de/DE/Unternehmen/Intern_Informationsaustausch/DAC6/Verfahren/verfahren_node.html (02.04.2022); Kruse, Anzeigepflicht, 2021, 27 und 29; § 138 AO Abs. 1.

[38] Richtlinie (EU) 2018/822 des Rates v. 25.05.2018, ABl. EU Nr. L 139, 1, 1; DT-Drs. 19/15876, 1.

Funktion sowie eine Abschreckungsfunktion.[39] Die Rechtssetzungsfunktion bedeutet, dass die Finanzverwaltung bereits vor der Umsetzung der Steuergestaltung zu informieren ist und dieser dadurch Zeit gegeben wird, um auf unerwünschte Steuergestaltungen zu reagieren. Durch die Meldung erhält sie Informationen über den rechtlichen Aufbau der Gestaltung, Wissen über die Häufigkeit der Anwendung dieser Steuergestaltung und allgemeine Informationen über die Entwicklungen im Beratungs- und Umsetzungsbereich bei grenzüberschreitenden Steuergestaltungen. Ziel der veranlagungsunterstützenden Funktion ist es, anzeigepflichtige Vorgänge einheitlich zu behandeln.[40] Dafür wird der Gestaltungsvorgang mit einer Registriernummer und einer Offenlegungsnummer versehen.[41] Ziel der Abschreckungsfunktion ist es Intermediäre und Steuerpflichtige von aggressiven Steuergestaltungen abzuhalten, da diese vor Umsetzung mit einem hohen Verwaltungsaufwand für Anzeige- und Mitteilungspflichten verbunden sind.

---

[39] Vgl. Kruse, Anzeigepflicht, 2021, 19.
[40] Vgl. Kruse, Anzeigepflicht, 2021, 19-20.
[41] § 138f Abs. 5 AO.

Verfahren zur Mitteilung grenzüberschreitender Steuergestaltungen durch Intermediäre

Das Verfahren zur Mitteilung grenzüberschreitender Steuergestaltungen richtet sich nach § 138f AO. Danach ist dem Bundeszentralamt für Steuern ein von der Struktur vorgegebener Datensatz über die amtlich vorgegebene Schnittstelle mitzuteilen. Diese Meldung hat innerhalb von 30 Tagen zu erfolgen, sofern eines der folgenden drei Ereignisse eingetreten ist:

- Bereitstellung der grenzüberschreitenden Steuergestaltung zur Umsetzung oder
- der Nutzer ist zur Umsetzung bereit oder
- mindestens ein Nutzer der Gestaltung hat mit der Umsetzung begonnen.[42]

Der Absatz 3 führt auf, welche Daten und Informationen dem Bundeszentralamt für Steuern als Datensatz gemeldet werden müssen. Zum einen sind die Kontaktdaten des Intermediärs einschließlich Ansässigkeitsstaat und Steueridentifikationsnummer anzugeben, zum anderen die entsprechenden Daten des Nutzers bzw. dessen verbundene Unternehmen. Zusätzlich werden Informationen zu dem

[42] § 138f Abs. 2 Nr. 1-3 AO.

verpflichtenden Kennzeichen, eine Zusammenfassung der grenzüberschreitenden Steuergestaltung sowie das Datum, an dem mit der Umsetzung begonnen wurde oder voraussichtlich begonnen wird, benötigt. Weitere Angaben zu den involvierten EU-Mitgliedsstaaten und deren diesbezüglichen Rechtsvorschriften sind erforderlich sowie Informationen über den Wert der grenzüberschreitenden Steuergestaltung und die in der EU-ansässigen Personen, die von der grenzüberschreitenden Steuergestaltung betroffen sind, müssen erteilt werden.[43]

Meldepflichtige

Meldepflichtig kann sowohl der Intermediär als auch der Nutzer sein. Als Intermediär wird angesehen, wer grenzüberschreitende Steuergestaltungen an Dritte vermarktet oder für Dritte konzipiert, organisiert, zur Nutzung bereitstellt oder ihre Umsetzung durch Dritte verwaltet.[44] Unter Konzeption versteht die Finanzbehörde das Planen, Entwerfen oder Entwickeln einer bestimmten Steuergestaltung für einen Nutzer oder eine Gruppe von Nutzern. Wird die Steuergestaltung Dritten angeboten, spricht man von Vermarktung. Stellt der Intermediär einem

---

[43] § 138f Abs.3 Nr. 1-10 AO.
[44] § 138d Abs. 1 Satz 1 AO.

möglichen Nutzer die Informationen zur Steuergestaltung individuell zu, fällt dies unter den Begriff der Bereitstellung zur Nutzung. Unter systematischem Vorbereiten und Planen der Steuergestaltung sowie dem Bereitstellen zur Verwendung versteht man die Organisation, das Verwalten und die eigentliche Umsetzung und Begleitung der Maßnahme.[45] Somit fallen Hilfs-, Unterstützungs- oder reine Beratungstätigkeiten des Intermediärs nicht unter die Meldepflicht.

Die AO regelt ebenfalls, dass nur solche Intermediäre zur Anzeige verpflichtet sind, die ihren Wohnsitz, gewöhnlichen Aufenthaltsort, ihren Sitz oder die Geschäftsleitung im Geltungsbereich der AO haben. Auch zur Anzeige verpflichtet sind solche, die außerhalb der EU ansässig sind, jedoch innerhalb der EU eine Betriebsstätte unterhalten, die Dienstleistungen im Zusammenhang mit Steuergestaltungsmöglichkeiten anbieten, in das Handelsregister oder öffentliches berufsrechtliches Register eingetragen sind oder bei einem Berufsverband für juristische, steuerliche oder beratende Dienstleistungen registriert sind.[46] Schaltet der Steuerpflichtige keinen

[45] BT-Drs. 19/14685, 27.
[46] § 138f Abs. 7 AO.

Intermediär ein, so liegt die Mitteilungspflicht beim Nutzer selbst und somit beim Steuerpflichtigen.[47] Dies ist dann nicht der Fall, wenn er nachweisen kann, dass die Steuergestaltung in einem anderen EU-Land bereits angezeigt worden ist.[48] Entbindet der Steuerpflichtige den Intermediär nicht von seiner Schweigepflicht, so geht die Mitteilungspflicht auf den Nutzer über, sofern der Intermediär diesen über seine Mitteilungspflicht, die Möglichkeit der Entbindung von der Schweigepflicht und der anderenfalls auf ihn übergehenden Informationspflicht informiert hat.[49] Unabhängig von dem Übergang der Mitteilungspflichten auf den Nutzer, muss der Intermediär trotzdem abstrakte Angaben zur Steuergestaltung melden.[50]

Kennzeichen als Tatbestandsvoraussetzungen für eine Meldepflicht nach § 138d Abs. 2 AO

Die Pflicht zur Meldepflicht setzt voraus, dass es sich um eine grenzüberscheitende Steuergestaltung handelt. Diese liegt gemäß § 138d Abs.2 Satz 1 vor, wenn die Gestaltung:

1. Eine oder mehrere Steuern betrifft, die unter das EUAHiG fallen und

---

[47] § 138d Abs. 6 AO.
[48] § 138g Abs. 1 AO.
[49] § 138f Abs. 6 AO.
[50] Kruse, Anzeigepflicht, 2021, 78.

2. mehr als einen Mitgliederstaat der EU oder einen EU-Mitgliedstaat und mindestens einen Drittstaaten betreffen, wobei bestimmte Bedingungen erfüllt sein müssen und
3. mindestens ein Kennzeichen des § 138e Abs. 1 aufweist oder ein kundiger Dritte vernünftigerweise unter Berücksichtigung aller Umstände den Hauptvorteil oder einen der Hauptvorteile der Gestaltung in einem steuerlichen Vorteil sieht oder ein Kennzeichen nach § 138e Abs. 2 aufweist.[51]

Die genannten drei Voraussetzungen müssen kumulativ auftreten.[52] Innerhalb der Merkmale sind zwei Gruppen zu unterscheiden. Zum einen sogenannte bedingte Kennzeichen nach § 138e Abs. 1 AO, die einem Relevanztest unterliegen und unbedingte Kennzeichen nach § 138e Abs. 2 AO. Für die zweite Gruppe ist kein Relevanztest erforderlich.[53]

Innerhalb der zweiten Bedingungen gibt es fünf Alternativen, die wahlweise erfüllt sein müssen:

a. Nicht alle an der Gestaltung Beteiligten sind im selben Land ansässig.

---

[51] § 138d Abs. 2 Satz 1 Nr. 1-3 AO.
[52] DT-Drs. 19/14685, 28.
[53] Vgl. Bärsch/Engelen, DAC6, ISR 2021, 181.

b. Eine oder mehrere Beteiligte sind gleichzeitig in mehreren Ländern ansässig.
c. Eine oder mehrere Beteiligte haben eine Betriebsstätte in einem anderen Land, deren Geschäftstätigkeit teilweise oder vollständig die Gestaltung von Steuern ist.
d. Einer oder alle Beteiligten gehen in einem anderen Land einer Tätigkeit nach, ohne dort ansässig zu sein oder eine Betriebsstätte zu unterhalten.
e. Die Gestaltung ist geeignet Auswirkungen auf den automatischen Informationsaustausch oder die Identifizierung des wirtschaftlichen Eigentümers zu haben.[54]

Bei der dritten Bedingung entsteht die Anzeigepflicht, wenn bestimmte Kennzeichen, sogenannte „hallmarks“[55], erfüllt sind. Dabei handelt es sich nicht um Gestaltungsmerkmale, sondern um Vereinbarungen der Gestaltung[56]. Dazu zählen Vertraulichkeitsklauseln zwischen Berater und

---

[54] § 138d Abs. 2 Nr. 2 Buchst. a-e AO.
[55] Kruse, Anzeigepflicht 2021, 24.
[56] Vgl. Kruse, Anzeigepflicht 2021, 24.

Steuerpflichtigem, die das Offenlegen der Gestaltung untersagt. Ebenso gehört dazu die Vereinbarung einer erfolgsabhängigen Provision in Abhängigkeit vom Erfolg der Steuergestaltung oder die ganz oder teilweise Zurückerstattung der Vergütung, wenn der Steuervorteil nicht eintritt.[57] Auch die standardisierte Dokumentation oder Struktur der Gestaltung, ohne, dass diese dem Einzelfall angepasst werden muss, fällt darunter.[58] Ferner zählen dazu Gestaltungen, die ein Beteiligter unternimmt, um:

1. Ein Verlustunternehmen zu erwerben, die Haupttätigkeit des Unternehmens zu beenden und dessen Verluste zur Steuerentlastung zu nutzen.
2. Einkünfte aus Vermögen, Schenkungen in nicht oder niedrig besteuerte Einkünfte umgewandelt werden.
3. Vermögensverschiebungen durch zwischengeschaltete Unternehmen ohne wirtschaftliche Tätigkeit mit dem Ziel der Verschleierung durchzuführen.

[57] § 138e Abs. 1 Nr. 1 Buchst. a und b AO.
[58] § 138e Abs. 1 Nr. 2 AO.

4. Grenzüberschreitende Betriebsausgaben zwischen zwei oder mehreren verbundenen Unternehmen in Länder mit einem Körperschaftssteuersatz von 0 % oder nahe 0% zu tätigen. Dabei versteht man unter einem Körperschaftssteuersatz von nahe 0% einen Satz der kleiner oder gleich 4% ist.[59]
5. Betriebsausgaben an verbundene Unternehmen, die in Ländern mit Steuerfreiheit oder steuerlichen Präferenzregelungen liegen, zu tätigen.[60]

Zusätzlich zu diesen Voraussetzungen muss das Merkmal der Erzielung eines Steuervorteils vorhanden sein. Somit besteht eine Meldepflicht immer dann, wenn entweder erhebliche steuerliche Tatbestände vorliegen oder zusätzlich der „Main-Benefit"[61]-Test erfüllt ist.[62] Dieser ist erfüllt, wenn durch die Steuergestaltung ein Vorteil erzielt wird oder die Gestaltung eines Steuervorteils sogar der Hauptgrund ist.[63] Dabei ist der Begriff des steuerlichen Vorteils sehr umfangreich und weit.[64]

---

[59] DT-Drs. 19/14685, 36.
[60] § 138e Abs. 1 Nr. 3 Buchst. a-e AO.
[61] Rödl, Kennzeichen, http: https://www.roedl.de/themen/dac-6-meldepflicht-steuergestaltungen/main-benefit-test-kennzeichen-steuervorteil-138e-aoe-steuergestaltung (27.04.2022).
[62] § 138d Abs. 2 Satz 1 Nr. 3 Buchst. b AO; § 138e Abs. 2 AO.
[63] § 138d Abs. 2 Satz 1 Nr. 3 Buchst. a AO; § 138e Abs. 1 AO.
[64] Kruse, Anzeigepflicht, 2021, 81; PricewaterhouseCoopers GmbH, Meldepflicht, https://www.pwc.de/de/steuerberatung/eu-richtlinie-dac-6-zur-

Bei Kennzeichen im Sinne des § 138d Abs. 2 Satz 1 Nr. 3 Buchst. b handelt es sich um solche, die anzeigepflichtig sind, unabhängig davon, ob ein Steuervorteil erreicht werden sollte. Kruse spricht in diesem Fall von „Stand alone“ [65] Kennzeichen. Dabei handelt es sich um Gestaltungen mit folgenden Merkmalen:

1. Zahlungen, die beim Versender als Betriebsausgaben anfallen, an verbundene Unternehmen getätigt werden, die in keinem Hoheitsgebiet ansässig sind oder die von der EU oder OECD als nicht kooperierende Staaten angesehen werden.
2. Abschreibungen für das gleiche Wirtschaftsgut, die in mehr als einem Hoheitsgebiet angesetzt werden oder bei denen eine Befreiung von der Doppelbesteuerung für dieselben Einkünfte vorgenommen wird und deshalb die Einkünfte oder das Vermögen steuerfrei bleiben.
3. Vermögenswerte, die in ein anderes Land überführt oder übertragen werden und deren steuerliche Bewertungen sich wesentlich unterscheiden.

---

meldepflicht-fuer-grenzueberschreitende-steuergestaltungen.html (22.04.2022).

[65] Kruse, Anzeigepflicht, 2021, 91.

4. Gestaltungen, die zu einer Aushöhlung des gemeinsamen Meldestatus führen. § 138e Abs. 2 Nr. 2 AO führt sechs wesentliche Gestaltungsmöglichkeiten auf.
5. Gestaltungen mit rechtlichen Eigentümern oder wirtschaftlich Berechtigten, deren Identität nicht nachvollziehbar ist (intransparente Kette).
6. Bestimmte in § 138e Abs. 2 Nr. 4 Buchst. a-c AO formulierte Verrechnungspreisgestaltungen.

In Bezug auf HTVI kommt § 138e Abs. 2 Nr. 4 Buchst. b AO zum Tragen. Dort sind Kennzeichen für die Gestaltung von Verrechnungspreisen bei HTVI aufgeführt. Danach fallen Verrechnungspreisgestaltungen von HTVI bei denen IWG oder Rechte an IWG an ein verbundenes Unternehmen übertragen werden unter die Meldepflicht von § 138d AO, sofern zum Zeitpunkt der Übertragung oder Überführung keine ausreichenden Vergleichswerte vorliegen. Da in der Regel bei Übertragung oder Überführung keine ausreichenden Vergleichswerte vorliegen, Prognosen hinsichtlich voraussichtlicher Cashflows und Einkünfte sehr ungewiss sind und die Annahmen zur Bewertung der IWG höchst unsicher sind, ist gemäß § 1 Abs. 3 Satz 7 AStG ein hypothetischer Fremdvergleich anzustellen. Dies bedeutet, dass nur bei Anwendung des hypothetischen Fremdvergleichs zur Bestimmung des Verrechnungspreises eine Anzeigepflicht besteht. Tz 3.12 Buchst. a der VWG VP schränkt diese Regelung jedoch durch die Formulierung ein, dass immer der hypothetische Fremdvergleich anzuwenden ist, wenn IWG oder Rechte Gegenstand eines Geschäftsvorfalls sind. Da HTVI auch unter den Begriff der IWG fallen, folgt daraus, dass Verrechnungspreisgestaltungen mit HTVI grundsätzlich anzeigepflichtig sind.

Schlusswort

Die Lektüre dieses Buches verschafft Auswanderungswilligen einen ausführlichen Überblick über die mit einer Auswanderung verbundenen steuerlichen Risiken. Dazu wurden im ersten Schritt die Grundbegriffe des deutschen Außensteuerrechts für natürliche, nämlich die unbeschränkte, beschränkte und erweitert beschränkte Einkommensteuerpflicht sowie die Auswirkungen des Wohnsitzes und des gewöhnlichen Aufenthaltsortes erläutert. Analog dazu ist bei juristischen Personen der Ort der Geschäftsleitung und der Sitz der Gesellschaft bestimmend für die Körperschaftssteuerpflicht. Dargestellt wurde an verschiedenen Szenarien, welche steuerlichen Konstellationen für Auswanderer am besten sind und welche nicht geeignet sind, auch wenn diese in Foren oder von ausländischen sogenannten Beratungsfirmen angeboten werden. Diese beurteilen in der Regel nur das leicht verständliche Steuerrecht des neuen Wohnsitzes und sind mit den Auswirkungen auf die Steuersituation in Deutschland nicht vertraut. Nach Kenntnis der Grundzüge des deutschen Außensteuerrechts sollte man sich vor Wegzug die eigene Situation vergegenwärtigen und davon ausgehend eine Exit-Strategie entwickeln. Die dazu wesentlichen Fakten und Hintergründe vermittelt dazu dieses Buch. Nach Aufstellung der Exit Strategie sollte diese von Fachleuten verifiziert werden, wobei je nach Ziel des Auswanderers auch Themen wie Versorgung im Krankheitsfall, Kosten bei nötiger Pflege, Aufbau einer eigenen Altersvorsorge ohne oder mit der deutschen gesetzlichen Rentenversicherung eine Rolle spielen sollte. Dies erspart oft umfangreiche und teure Maßnahmen und Beratungsgebühren, sowohl im Wegzugsstaat als auch in der neuen Heimat. Zum Schluss noch eine Bitte: Man sollte nie die deutschen Finanzbehörden unterschätzen. Nicht legale Konstruktionen werden immer öfter aufgedeckt. Dies insbesondere in Zeiten des weltweiten Informationsaustauschs zwischen den Finanzbehörden oder weil diese Unterlagen zugespielt bekommen. Denn der Berater, der nicht legale Konstruktionen vertreibt, wird zum Selbstschutz eher den Steuerpflichtigen als sich selbst beschuldigen und verraten. Viel Erfolg bei der Umsetzung ihrer Pläne wünscht Ihnen das gesamte Redaktionsteam.

Allen, die Interesse an einer Auswanderung nach Zypern einschließlich Firmengründung vor Ort haben, stehen wir gerne mit ausführlichen Informationen zur Verfügung. Wir haben Kontakte sowohl zu erfahrenen Berater in Deutschland als auch auf Zypern, die umfassend, schnell und fachkundig helfen. Unsere ersten ausführlichen Informationen sind kostenlos und bei Erwerb dieses Buches inbegriffen. Schildert eure Situation gern unter: mellontas@yahoo.com.

Druck:
CPI Druckdienstleistungen GmbH
im Auftrag der
Zeitfracht GmbH
Ein Unternehmen der Zeitfracht - Gruppe
Ferdinand-Jühlke-Str. 7
99095 Erfurt